MAHAMUDRA-TANTRA

Outros livros de Geshe Kelsang Gyatso

Contemplações Significativas
Clara-Luz de Êxtase
Compaixão Universal
Caminho Alegre da Boa Fortuna
O Voto Bodhisattva
Joia-Coração
Grande Tesouro de Mérito
Introdução ao Budismo
Solos e Caminhos Tântricos
Oceano de Néctar
Essência do Vajrayana
Viver Significativamente, Morrer com Alegria
Oito Passos para a Felicidade
Transforme sua Vida
Novo Manual de Meditação
Como Solucionar Nossos Problemas Humanos
Budismo Moderno
Novo Coração de Sabedoria
Novo Guia à Terra Dakini
Como Entender a Mente

O lucro recebido pela Editora Tharpa com
a venda deste livro será direcionado ao
Fundo Projeto Internacional de Templos da NKT–IKBU,
de acordo com as diretrizes que constam
em *O Manual do Dinheiro*
[Reg. Charity number 1015054 (England)]
*Uma instituição beneficente budista,
construindo pela Paz Mundial.*
www.kadampatemples.org

GESHE KELSANG GYATSO

Mahamudra-Tantra

O NÉCTAR SUPREMO
DA JOIA-CORAÇÃO

2ª edição

Tharpa Brasil

São Paulo, 2014

© Geshe Kelsang Gyatso e Nova Tradição Kadampa

Primeira edição em língua inglesa em 2005.

Primeira edição em língua portuguesa em 2006.

Título original:
Mahamudra Tantra: The Supreme Heart Jewel Nectar

Tradução do original autorizada pelo autor.

Tradução, Revisão e Diagramação Tharpa Brasil

Dados Internacionais de Catalogação na Publicação (CIP)

Kelsang, Gyatso (Geshe), 1932-
  Mahamudra-tantra: o néctar supremo da joia-coração /
Geshe Kelsang Gyatso; tradução Tharpa Brasil – 2. ed. – São
Paulo: Tharpa Brasil, 2014.
  314p.

Título original em inglês: Mahamudra tantra: the supreme
heart jewel nectar

ISBN 978-85-85928-95-7

1. Budismo 2. Carma 3. Meditação I. Título.
05-9278   CDD-294.3

Índices para catálogo sistemático:
1. Budismo: Religião 294.3

2014

Todos os direitos desta edição reservados à
EDITORA THARPA BRASIL
Rua Artur de Azevedo 1360, Pinheiros
05404-003 - São Paulo, SP
Fone: 11 3476-2330
www.tharpa.com.br

Sumário

Ilustrações vii
Nota do Tradutor ix
Prefácio xi

PARTE UM: Introdução ao Tantra
Visão Básica 3
Intenção Básica 9
O que é o Tantra? 17
O Tantra do Estágio de Geração 23
O Tantra do Estágio de Conclusão 29
O que é o Mahamudra? 49

PARTE DOIS: Como Treinar o Mahamudra
Guia Preliminar 69
As Seis Etapas do Treino no Mahamudra 91
   Identificar Nossa Própria Mente 92
   Realizar Nossa Mente de Modo Direto 98
   Identificar Nossa Mente Sutil 100
   Realizar Nossa Mente Sutil de Modo Direto 101
   Identificar Nossa Mente Muito Sutil 103
   Realizar Nossa Mente Muito Sutil de Modo Direto .. 104

PARTE TRÊS: O que é a Vacuidade?
O que é a Vacuidade? 107
   O Propósito de Meditar na Vacuidade 108

A Vacuidade do Nosso Corpo 117
A Vacuidade da Nossa Mente 128
A Vacuidade do Nosso Eu 129
A Vacuidade que é Vazia dos Oito Extremos 137
Verdade Convencional e Verdade Última 142
A União das Duas Verdades 149
A Prática da Vacuidade em Nossas Atividades Diárias 154
Um Treino Simples em Bodhichitta Última 157

Dedicatória 163

Apêndice I – O Sentido Condensado do Comentário 165
Apêndice II – Uma Explicação dos Canais 171
Apêndice III – Uma Explicação dos Ventos Interiores 179
Apêndice IV – O Tantra-Raiz de Heruka e Vajrayogini 187
Apêndice V – *Prece Libertadora* 195
Apêndice VI – *Manual para a Prática Diária dos Votos Bodhisattva e Tântricos* 199
Apêndice VII – *Joia-Coração* 213
Apêndice VIII – *O Ioga de Buda Heruka* 227

Glossário 241
Bibliografia 263
Programas de Estudo do Budismo Kadampa 269
Escritórios da Editora Tharpa no Mundo 275
Índice Remissivo 279

Ilustrações

As ilustrações retratam os Gurus-linhagem do Mahamudra

Buda Shakyamuni. 2
Bodhisattva Manjushri 10
Je Tsongkhapa 18
Togden Jampel Gyatso 22
Baso Chokyi Gyaltsen 26
Drubchen Dharmavajra. 34
Gyalwa Ensapa 46
Khedrub Sangye Yeshe. 52
Panchen Losang Chokyi Gyaltsen 56
Drubchen Gendun Gyaltsen. 60
Drungpa Tsondru Gyaltsen 68
Konchog Gyaltsen 74
Panchen Losang Yeshe. 80
Losang Trinlay 86
Drubwang Losang Namgyal 90
Kachen Yeshe Gyaltsen 96
Phurchog Ngawang Jampa 102
Panchen Palden Yeshe 106
Khedrub Ngawang Dorje 112
Ngulchu Dharmabhadra 118
Yangchen Drubpay Dorje 124
Khedrub Tendzin Tsöndru 130
Dorjechang Phabongkha Trinlay Gyatso 138

Dorjechang Trijang Rinpoche (Yongdzin Dorjechang
   Losang Yeshe) 148
Dorjechang Kelsang Gyatso Rinpoche
   (*incluído a pedido de seus discípulos devotados*) 162

O *nada* (reproduzido do tamanho que deve
   ser visualizado) 38
Objetos de compromisso tântricos: oferenda interior
   no kapala, vajra, sino, damaru, mala 208

Quadro 1. As Quatro Rodas-Canais Principais 175
Quadro 2. As Hastes da Roda-Canal do Coração 176
Quadro 3. Os Ventos-Raízes 183
Quadro 4. Os Ventos Secundários 185

Nota do Tradutor

As palavras de origem sânscrita e tibetana, como *Bodhichitta, Bodhisattva, Dharma, Geshe, Sangha* etc., foram grafadas como aparecem na edição original deste livro, em língua inglesa, em respeito ao trabalho de transliteração previamente realizado e por evocarem a pureza das línguas originais das quais procedem.

Em alguns casos, contudo, optou-se por aportuguesar as palavras já assimiladas à língua portuguesa (Buda, Budeidade, budismo, carma) em vez de escrevê-las de acordo com a sua transliteração (*Buddha, karma*).

As palavras estrangeiras foram grafadas em itálico somente na primeira vez que aparecem no texto.

Prefácio

Este livro, que preparei para as pessoas deste mundo moderno, é um guia prático para descobrir e explorar o verdadeiro sentido da vida humana. Em geral, de acordo com a nossa experiência comum, não há verdadeiro sentido nesta vida humana comum. Muitas pessoas, tanto as idosas quanto as que estão muito próximas da morte, compreendem como a vida humana é vazia e oca. Ao longo de nossa vida, tentamos arduamente acumular muitas coisas, como riqueza e posses, mas, por fim, sem escolha alguma, tudo o que nos pertence é passado para os outros; não podemos levar nada conosco para a próxima vida. O verdadeiro sentido da vida humana é encontrar e seguir o caminho correto à iluminação, e o caminho correto supremo à iluminação é o Tantra Ioga Supremo – em especial, o Mahamudra-Tantra.

Se, com sinceridade, tivermos o desejo de praticar as instruções do Mahamudra-Tantra apresentadas neste livro, devemos receber, primeiramente, a iniciação de Buda Heruka e obter total compreensão do significado destas instruções. Depois, por colocar estas instruções em prática, poderemos realizar nossa meta final.

Geshe Kelsang Gyatso
Janeiro de 2005. Feliz Ano Novo!

PARTE UM

Introdução ao Tantra

Buda Shakyamuni

Visão Básica

O MAHAMUDRA-TANTRA é um método rápido para alcançar a iluminação, e as instruções sobre essa prática são muito profundas. Para que nossa prática do *Mahamudra* seja eficiente, precisamos de um sólido fundamento em visão básica correta e intenção básica correta. Assim como não podemos construir adequadamente uma casa sem uma fundação básica, não podemos praticar o Mahamudra de modo eficiente sem, primeiro, construir essa base e compreender claramente seu significado.

Nossa visão normal é que nossas experiências diárias, sejam elas desagradáveis ou agradáveis, vêm de fontes exteriores. Seguindo essa visão, dedicamos nossa vida inteira a aperfeiçoar nossas condições e situações exteriores, mas, mesmo assim, nossos problemas e sofrimentos humanos aumentam, ano após ano. Isso indica, claramente, que nossa visão normal é incorreta e somente nos engana. Visões incorretas e intenções incorretas nos fazem seguir caminhos errôneos, que levam ao sofrimento, ao passo que visões corretas e intenções corretas nos capacitam a seguir caminhos espirituais que nos conduzem à felicidade.

Neste contexto, a palavra "caminhos" não significa caminhos *exteriores*, que nos levam de um lugar a outro. Não temos necessidade de estudar caminhos exteriores, pois podemos enxergá-los diretamente com nossos olhos. "Caminhos", aqui, referem-se a caminhos *interiores*, que são, por natureza, nossas ações. As ações de corpo, fala e mente motivadas por ignorância são caminhos errôneos porque essas ações levam ao sofrimento, e as ações motivadas por sabedoria são caminhos corretos – ou seja, caminhos espirituais – porque conduzem à felicidade.

Porque existem diferentes níveis de felicidade, tais como a felicidade da libertação e da iluminação, existem diferentes níveis de caminhos espirituais, tais como o caminho para a libertação e o caminho para a iluminação. Esses caminhos podem ser, ademais, divididos em: Caminho da Acumulação, Caminho da Preparação, Caminho da Visão, Caminho da Meditação e Caminho do Não--Mais-Aprender. Além disso, porque existem diferentes níveis de sofrimento – como os sofrimentos dos seres humanos, dos animais e dos seres-do-inferno – existem diferentes níveis de caminhos errôneos, como os caminhos que levam a renascer como ser humano, como animal ou como ser-do-inferno. Estudando os diferentes tipos de caminhos apresentados por Buda, podemos distinguir entre caminhos corretos e caminhos incorretos e, desse modo, evitar os caminhos incorretos. Então, ao ingressar, fazer progressos e concluir caminhos espirituais corretos, podemos alcançar a iluminação e, assim, realizar o verdadeiro propósito de nossa vida humana.

Em *Guia ao Caminho do Meio*, o famoso erudito budista Chandrakirti relaciona sete tipos de caminho interior:

1. Ações que conduzem à felicidade da grande iluminação;
2. Ações que conduzem à libertação;
3. Ações que levam a renascer como um deus;
4. Ações que levam a renascer como um ser humano;
5. Ações que levam a renascer como um animal;
6. Ações que levam a renascer como um espírito faminto;
7. Ações que levam a renascer como um ser-do-inferno.

Os dois primeiros tipos são caminhos supramundanos, que são caminhos espirituais corretos que conduzem à grande iluminação e à libertação. Existem muitos níveis desses caminhos, que correspondem aos muitos níveis de aquisição espiritual explicados nos ensinamentos sobre as etapas do caminho, o *Lamrim*. Por exemplo,

VISÃO BÁSICA

o livro *Novo Manual de Meditação* explica 21 meditações diferentes que realizam 21 caminhos espirituais, ou etapas do caminho, à iluminação. Tradicionalmente, a primeira dessas meditações consiste em confiar, ou apoiar-se, forte e determinadamente em nosso Guia Espiritual. Je Tsongkhapa diz, em *Prece das Etapas do Caminho*:

O caminho começa com firme confiança
No meu bondoso mestre, fonte de todo bem.

Todas essas 21 etapas do caminho, começando com confiar em nosso Guia Espiritual, são caminhos espirituais que conduzem à felicidade pura e duradoura.

Os demais cinco tipos de caminho, listados por Chandrakirti, são caminhos mundanos, que são caminhos incorretos e que levam a estados de sofrimento. Eles são também denominados "ações contaminadas" porque são motivados, ou contaminados, pelos venenos interiores do *autoapreço* e da ignorância do agarramento ao em-si. Mesmo as ações virtuosas motivadas pela ignorância do agarramento ao em-si, e que levam ao renascimento humano, são ações contaminadas. Em nossas vidas anteriores, motivados pela delusão do agarramento ao em-si, fizemos ações virtuosas, tais como observar disciplina moral. Essa ação foi a causa principal do nosso atual renascimento humano, mas, porque essa ação foi uma ação contaminada pelas delusões, nosso renascimento humano atual é um renascimento contaminado. Porque tomamos um renascimento contaminado como um ser humano, não temos outra escolha a não ser vivenciar os diversos tipos de sofrimento humano.

Nossas presentes experiências de sofrimentos e problemas específicos têm uma conexão específica com ações específicas que fizemos no passado. Essa conexão oculta é sutil e não é fácil de ser compreendida. Não podemos ver essa conexão com os nossos olhos, mas podemos compreendê-la usando nossa sabedoria e, especialmente, por confiar nos ensinamentos de Buda.

Por que sofremos e vivenciamos tantos problemas? Sofrimentos e problemas não são dados a nós como punição. Sempre que vivenciamos dificuldades, normalmente culpamos os outros; mas, em verdade, a razão pela qual vivenciamos dificuldades é que tomamos um renascimento contaminado humano como resultado de ações contaminadas que surgiram do nosso próprio agarramento ao em-si e do nosso autoapreço. Nosso renascimento humano é a base de todos os nossos sofrimentos e problemas humanos. Os animais têm de vivenciar diversos tipos de sofrimentos e problemas próprios do reino animal porque tomaram um renascimento animal contaminado. Isso também é verdadeiro para os seres-do-inferno, espíritos famintos e, até mesmo, para os deuses do reino do desejo; todos os seres vivos vivenciam sofrimentos porque tomaram um renascimento contaminado. Tais renascimentos são da natureza do sofrimento e são a base para toda infelicidade e problemas.

Se utilizarmos nosso renascimento humano para a prática espiritual, ele irá se tornar significativo; por outro lado, sua natureza é sofrimento: nosso renascimento é uma manifestação da mente venenosa do agarramento ao em-si. Se uma semente for venenosa, a colheita que dela resultar será venenosa. De modo semelhante, porque a causa (o renascimento contaminado) é como veneno, seus efeitos são, inevitavelmente, venenosos e dolorosos.

O renascimento contaminado é como um profundo e vasto oceano sem limites, e nossos problemas e sofrimentos são como ondas continuamente surgindo desse oceano. Temos estado nesse vasto oceano desde tempos sem início, tendo renascimentos contaminados vida após vida. Se, nesta vida, não alcançarmos libertação permanente dos renascimentos contaminados, teremos de permanecer nesse oceano de sofrimento durante incontáveis vidas futuras; esse sofrimento nunca irá acabar naturalmente, por si mesmo. Enquanto permanecermos nesse vasto oceano, nossos corpos serão devorados muitas e muitas vezes pelos monstros marinhos do Senhor da Morte, e constantemente teremos de vivenciar novos renascimentos. Depois, em cada nova vida, teremos de vivenciar os sofrimentos e os problemas daquela vida específica. Se tivermos nascido humanos, não teremos outra escolha a não

VISÃO BÁSICA

ser vivenciar sofrimentos e problemas humanos; e, se tivermos nascido como um animal, teremos de vivenciar os sofrimentos e os problemas dos animais. Esse ciclo de renascimento contaminado e sofrimento, denominado "*samsara*", gira continuamente, vida após vida, sem-fim.

Nosso renascimento contaminado é o nosso próprio samsara. Embora nenhum de nós queira sofrer, sofrimentos surgem naturalmente, sem escolha, porque estamos no samsara. É preciso grande sabedoria para reconhecer nosso próprio samsara e para compreender que isso é a nossa real situação. A visão correta básica que nos conduz à conquista da libertação e da iluminação é a compreensão e a crença de que o nosso próprio samsara – nosso renascimento contaminado – é a fonte e a base de todo o nosso sofrimento e problemas. Desenvolver e manter essa visão não enganosa é a base para a prática eficiente do Mahamudra-Tantra, que é o método propriamente dito para cortar o *continuum* do renascimento contaminado.

Quando, por contemplar essas instruções, compreendermos de modo claro que todos os nossos problemas e sofrimentos diários vêm do nosso próprio samsara, iremos acreditar fortemente, do fundo de nosso coração, que é extremamente importante abandonar nosso próprio renascimento contaminado e conquistar libertação permanente do sofrimento. Devemos aplicar grande esforço em manter essa visão benéfica dia e noite, sem esquecê-la.

Enquanto mantemos essa visão, devemos também considerar os outros seres vivos. Nossos próprios problemas e sofrimentos, quando comparados aos dos outros, são insignificantes – a razão é que os outros são incontáveis, ao passo que nós mesmos somos apenas uma única pessoa. A felicidade e a liberdade de incontáveis seres vivos são mais importantes que a felicidade e a liberdade de uma única pessoa – nós mesmos. Portanto, é inadequado ficar preocupado apenas com a nossa própria libertação. Em vez disso, devemos desenvolver a visão superior que aprecia todos os seres vivos e mantê-la dia e noite, nunca nos permitindo esquecê-la.

Intenção Básica

ONDE QUER QUE vamos e o que quer que façamos, tudo depende de nossa intenção. Não importa quão poderosos nosso corpo e fala possam ser, nunca seremos capazes de fazer algo se carecermos da intenção de fazê-lo. Se nossa intenção for incorreta, naturalmente faremos ações incorretas, que farão surgir resultados desagradáveis; mas, se nossa intenção for correta, o oposto será verdadeiro.

Devido a nossa intenção incorreta ou egoísta, fazemos ações contaminadas, que são a causa principal de tomarmos renascimento contaminado – nosso próprio samsara. Portanto, nosso próprio samsara, a fonte de todo o nosso sofrimento e problemas, é criado por intenção incorreta. Nossa intenção de autoapreço tem o desejo de que sejamos felizes o tempo todo, enquanto negligenciamos a felicidade dos outros. Essa é a intenção normal que temos tido desde tempos sem início, dia e noite – inclusive durante o sono – vida após vida. No entanto, até agora nunca satisfizemos esse desejo. O motivo é que, neste ciclo de renascimento contaminado, não há verdadeira felicidade de modo algum.

Na *Prece das Etapas do Caminho*, Je Tsongkhapa diz:

> Os prazeres do samsara são enganosos,
> Não trazem contentamento, apenas tormentos.

Muitas pessoas pensam "se eu me tornar rico, tiver uma boa posição social ou encontrar uma pessoa atraente, serei feliz"; mas, quando elas se tornarem realmente ricas, quando tiverem

Bodhisattva Manjushri

INTENÇÃO BÁSICA

conquistado de fato uma boa posição social ou encontrado uma pessoa atraente, ainda assim não irão experienciar felicidade pura. Ao invés disso, elas irão experienciar muitos problemas, sofrimentos e perigos novos – podemos ver vários exemplos disso em todos os lugares! Quando estamos comendo ou bebendo com nossos amigos ou saindo de férias, podemos sentir que estamos felizes, ainda que, em realidade, essa felicidade não seja felicidade verdadeira, mas apenas a redução dos nossos problemas anteriores. A experiência de prazer quando comemos, por exemplo, é meramente a redução da fome – não é felicidade verdadeira. Se fosse felicidade verdadeira, comer seria então uma causa verdadeira de felicidade, e seguir-se-ia que, quanto mais comêssemos, mais felizes iríamos nos tornar. Mas isso é impossível! Em verdade, comer é uma causa verdadeira de sofrimento porque surgirá um momento em que, quanto mais comermos, mais nosso sofrimento irá aumentar. Essa natureza enganosa pode ser reconhecida em todos os demais prazeres mundanos.

Em *Guia do Estilo de Vida do Bodhisattva*, o grande erudito Shantideva diz que precisamos alcançar a iluminação porque, no samsara, não há felicidade. Não há verdadeiro sentido neste ciclo de renascimento contaminado. O único sentido de tomar um renascimento humano é o de alcançar a iluminação por meio de seguir o caminho à iluminação. Esse caminho é muito simples! Tudo o que precisamos fazer é interromper nossa intenção de autoapreço e aprender a apreciar todos os seres vivos igualmente, sem distinção. Todas as demais realizações espirituais irão surgir naturalmente disso.

Explicações detalhadas sobre como aprender a apreciar os outros e como reconhecer, reduzir e abandonar o autoapreço podem ser encontradas nos livros *Transforme sua Vida* e *Novo Manual de Meditação*. Devemos aplicar esforço contínuo em contemplar e meditar no significado dessas instruções, até obtermos a profunda realização de apreciar todos os seres vivos igualmente. Saberemos que obtivemos essa realização quando, fora da meditação, espontaneamente sentirmos que todos e cada um dos seres vivos, até mesmo um minúsculo inseto, é supremamente precioso e que a felicidade e a liberdade deles são muito importantes.

Com a realização do amor apreciativo, contemplamos, então, a maneira como todos os seres vivos vivenciam continuamente o ciclo de renascimento contaminado, vida após vida – vivenciando, repetidamente, os sofrimentos de nascer, adoecer, envelhecer, morrer, ter de se separar do que gostam, ter de enfrentar o que não gostam, e fracassarem em satisfazer seus desejos. Desse modo, desenvolveremos a intenção superior que espontaneamente deseja libertar todos e cada um dos seres vivos do samsara – a fonte de todo o sofrimento deles. Essa compaixão universal e a sabedoria do Mahamudra-Tantra são como as duas asas de um pássaro: por confiarmos nelas, podemos voar pelo céu da verdade última de todos os fenômenos e alcançar o solo supremo da iluminação rapidamente.

A iluminação é definida como a sabedoria onisciente cuja natureza é a cessação permanente da aparência equivocada e cuja atuação, ou função, é conceder paz mental a todos os seres vivos. Quando alcançarmos a iluminação, iremos nos tornar um ser iluminado. No budismo, *ser iluminado* e *Buda* são sinônimos. "Buda" significa "O Desperto", e refere-se a qualquer pessoa que tenha despertado do sono da ignorância e que está totalmente livre dos problemas e sofrimentos samsáricos semelhantes-a-um-sonho. O "sono da ignorância" é o sono do agarramento ao em-si, no qual os seres vivos sempre permanecem e do qual nunca despertaram. Pelo poder de sua ignorância, todos e cada um dos seres vivos, sem exceção, vivenciam a aparência equivocada. Devido a isso, eles têm de vivenciar problemas, sofrimentos, medos e perigos sem-fim, por toda sua vida e vida após vida. Apenas os Budas são livres disso. Uma explicação detalhada sobre a ignorância do agarramento ao em-si e como abandoná-la pode ser encontrada na Parte Três, intitulada *"O que é a Vacuidade?"*.

A natureza de um Buda é completa pureza, e um Buda atua concedendo paz mental a todos os seres vivos por meio de conceder bênçãos – essa é a função de um Buda. É somente para esse propósito que os Budas conquistaram a iluminação. Os benefícios que os seres vivos recebem dos Budas é incomensurável. Como está dito na *Prece Libertadora*, Buda é "a fonte de bondade e felicidade" para todos os seres vivos. Por receberem as bênçãos de Buda, todos e cada um dos seres vivos – até mesmo um animal ou um ser-do-inferno – ocasionalmente experienciam paz mental. Nesse momento, porque suas mentes estão pacíficas e felizes, eles estão felizes. Com exceção desses momentos ocasionais, suas mentes estão permeadas pela escuridão da ignorância e eles, continuamente, vivenciam diversos tipos de problemas e sofrimentos, vida após vida. Os ensinamentos de Buda são o único método que pode remover a escuridão da ignorância de nossa mente. Por colocar os ensinamentos de Buda em prática, podemos remover a ignorância do agarramento ao em-si e, dessa maneira, vivenciar libertação permanente do sofrimento, a paz interior permanente do *nirvana*.

Os ensinamentos de Buda são denominados "*Dharma*". Eles são o espelho supremo no qual podemos ver as falhas das nossas delusões e a bondade de todos os seres vivos-mães, de modo que possamos compreender o que precisamos abandonar e o que precisamos praticar. Os ensinamentos de Buda são o remédio supremo com o qual podemos curar nossas piores doenças (a doença da raiva, do apego e da ignorância) de modo que, por fim, possamos conquistar o objetivo supremo e último da vida humana – a iluminação.

Para beneficiar todos os seres vivos, os Budas emanam várias coisas, tanto animadas quanto inanimadas. Não há lugar onde não existam emanações de Buda ajudando os seres vivos, e não há nem mesmo uma única pessoa que não esteja recebendo as bênçãos de Buda. Até mesmo aqueles que negam a existência de Buda recebem suas bênçãos e, por causa disso, eles também experienciam paz mental ocasionalmente. Quando suas mentes estão pacíficas, eles estão felizes, mesmo que suas condições exteriores sejam pobres; mas, enquanto suas mentes permanecerem agitadas, perturbadas, intranquilas, eles nunca irão experienciar felicidade, mesmo que tenham as melhores condições exteriores. Por essa razão, a felicidade dos seres vivos depende de sua paz interior – sua paz mental – que, por sua vez, depende de receberem bênçãos de Buda.

Muitas vezes, tentamos arduamente cultivar uma mente pacífica, mas, devido às fortes delusões, não somos bem-sucedidos; apesar disso, experienciamos, vez ou outra, paz interior sem que tenhamos feito qualquer esforço de nossa parte. O motivo é que recebemos bênçãos de Buda em nosso continuum mental. Recebemos bênçãos de Buda apenas ocasionalmente e não continuamente porque nossa mente está, normalmente, coberta pela espessa escuridão da ignorância.

Em seus ensinamentos tântricos, Buda relacionou muitas Deidades iluminadas ou Budas, como Heruka e Hevajra. O nome Heruka é sânscrito. "He" revela a vacuidade, "ru" revela o grande êxtase, e "ka" revela a união de grande êxtase e vacuidade. Um ser iluminado que é imputado à união de grande êxtase e vacuidade é Heruka verdadeiro, Heruka definitivo. O corpo de Heruka definitivo é o Corpo-Verdade de Buda, ou *Dharmakaya*. Esse corpo não tem cor ou formato, e permeia tudo – não há um lugar sequer onde Heruka definitivo esteja ausente. Heruka que aparece sob a forma de um corpo azulado, com quatro faces e doze braços, em abraço com Vajravarahi, é denominado "Heruka interpretativo". Ao conceder a iniciação de Heruka, Buda apareceu sob o aspecto de Heruka interpretativo, com o objetivo de mostrar a base, o caminho e os resultados do Tantra Ioga Supremo de uma maneira mais visível aos outros.

O Corpo-Verdade de Buda, ou Dharmakaya, é sua sabedoria onisciente, que é a união de grande êxtase e vacuidade. O Corpo-Verdade de Buda é a base para imputar Heruka. De acordo com a aparência para as pessoas comuns, é como se Buda tivesse falecido; mas, em verdade, ele nunca faleceu porque seu corpo principal, o Corpo-Verdade, é imortal. Compreendendo a natureza de um Buda e como ele atua, ou sua função, devemos nos regozijar profundamente com suas preeminentes qualidades.

INTENÇÃO BÁSICA

Como foi mencionado anteriormente, nossa compaixão universal deseja libertar todos os seres vivos de seus sofrimentos. O único método para fazer isso é, primeiramente, nós mesmos conquistarmos a Budeidade, pois apenas um Buda tem o poder de libertar, permanentemente, todos os seres vivos do sofrimento. Contemplando as preeminentes qualidades de um Buda e relembrando nossa compaixão universal, devemos tomar a forte determinação de conquistar a iluminação para o benefício de todos os seres vivos. Então, meditamos continuamente nessa determinação com concentração estritamente focada, até obtermos a profunda realização que deseja espontaneamente conquistar a iluminação para o benefício de todos os seres vivos. Essa realização é denominada "*bodhichitta*". Devemos manter essa intenção compassiva dia e noite, nunca nos permitindo esquecê-la.

Desenvolver visão correta; aprender a apreciar os outros; e identificar, reduzir e, por fim, abandonar o autoapreço, assim como desenvolver compaixão universal e a preciosa mente da bodhichitta – tudo isso está incluído no caminho comum explicado por Buda em seus ensinamentos de *Sutra*. Para satisfazer rapidamente o desejo da nossa intenção suprema da bodhichitta, Buda ensinou o caminho incomum do Mahamudra-Tantra. Isso será explicado a seguir.

O que é o Tantra?

EMBORA O TANTRA seja muito popular, poucas pessoas compreendem seu verdadeiro significado. Algumas negam os ensinamentos tântricos de Buda, ao passo que outras fazem mau uso desses ensinamentos, com o objetivo de obter conquistas mundanas; e muitas pessoas estão confusas sobre a união das práticas de Sutra e de Tantra, acreditando equivocadamente que o Sutra e o Tantra são contraditórios. No *Tantra-Raiz Condensado de Heruka*, Buda diz:

> Nunca deves abandonar o Tantra Ioga Supremo,
> Mas compreender que ele tem um significado inconcebível
> E que é a verdadeira essência do *Budadharma*.

Quando compreendermos o verdadeiro significado do Tantra, não haverá base para fazer mau uso dele e veremos que não há, de modo algum, contradições entre o Sutra e o Tantra. A prática dos ensinamentos de Sutra é o fundamento básico para a prática dos ensinamentos tântricos, e a prática de Tantra é o método rápido para realizarmos a meta suprema e última dos ensinamentos de Sutra. Por exemplo, em seus ensinamentos de Sutra, Buda nos encoraja a abandonar o apego, e, no Tantra, ele nos incentiva a transformar nosso apego em caminho espiritual. Algumas pessoas podem pensar que isso é uma contradição, mas não é: ao contrário, as instruções tântricas de Buda sobre como transformar o apego em caminho espiritual são o método rápido para abandonar o apego! Desse modo, elas são métodos para realizar os objetivos dos ensinamentos de Sutra.

Je Tsongkhapa

O QUE É O TANTRA?

Como foi mencionado acima, a compaixão universal (realizada por meio da prática dos ensinamentos de Sutra) e a sabedoria do Mahamudra-Tantra (realizada por meio da prática dos ensinamentos tântricos) são como as duas asas de um pássaro. Assim como ambas as asas são igualmente importantes para um pássaro voar, o Sutra e o Tantra são, ambos, igualmente importantes para os praticantes que buscam a iluminação.

O Tantra é definido como uma realização interior que atua para impedir aparências e concepções comuns e para realizar as quatro completas purezas. Embora as escrituras tântricas de Buda sejam algumas vezes denominadas "Tantra" porque revelam as práticas tântricas, o Tantra propriamente dito é, necessariamente, uma realização interior que protege os seres vivos das aparências e concepções comuns, que são a raiz dos sofrimentos do samsara. Tantra, Mantra Secreto e *Vajrayana* são sinônimos. As quatro completas purezas são: o ambiente puro, o corpo puro, os prazeres puros e as atividades puras de um Buda.

Para os seres vivos, a experiência de prazeres mundanos é a principal causa do aumento de seu apego e, por essa razão, a principal causa do aumento de seus problemas. Para interromper o apego que surge de experienciarmos prazeres mundanos, Buda ensinou o Tantra como um método para transformar prazeres mundanos em caminho à iluminação. De acordo com os diferentes níveis de transformação dos prazeres mundanos em caminho à iluminação, Buda ensinou quatro níveis, ou classes, de Tantra: Tantra Ação, Tantra *Performance*, Tantra Ioga e Tantra Ioga Supremo. Os três primeiros são denominados "Tantras inferiores". Buda ensinou, no Tantra Ioga Supremo, as mais profundas instruções para transformar o êxtase sexual em um caminho rápido à iluminação. Já que a efetividade dessa prática depende da reunião e dissolução dos ventos interiores no canal central por força de meditação, essas instruções não foram explicadas por Buda nos Tantras inferiores. Nos Tantras inferiores, Buda ensinou instruções sobre como transformar outros prazeres mundanos – que não o êxtase sexual – em caminho à iluminação por meio de imaginação, que é uma prática simplificada de Tantra.

A porta pela qual ingressamos no Tantra é receber uma iniciação tântrica. Uma iniciação nos concede bênçãos especiais que curam nosso continuum mental e despertam nossa natureza búdica. Quando recebemos uma iniciação tântrica, estamos plantando as sementes especiais dos quatro corpos de um Buda em nosso continuum mental. Esses quatro corpos são: o Corpo-Verdade-Natureza, o Corpo--Verdade-Sabedoria, o Corpo-de-Deleite e o Corpo-Emanação. Os seres comuns não possuem mais do que um único corpo, ao passo que os Budas possuem quatro corpos simultaneamente. O Corpo--Emanação de um Buda é o seu corpo denso, que pode ser visto por seres comuns; o Corpo-de-Deleite é o seu corpo sutil, que apenas pode ser visto por praticantes que obtiveram elevadas realizações; o Corpo-Verdade-Natureza e o Corpo-Verdade-Sabedoria são os seus corpos muito sutis, que apenas os Budas podem ver.

No Tantra, os principais objetos a serem abandonados são as concepções comuns e as aparências comuns. Os termos "concepções comuns" e "aparências comuns" são melhor compreendidos por meio do seguinte exemplo. Suponha que haja um praticante de Heruka chamado João. Normalmente, ele vê (ou percebe) a si próprio como João; e vê ou percebe seu ambiente, prazeres, corpo e mente como os de João. Essas aparências são aparências comuns. A mente que concorda com essas aparências comuns, sustentando--as como verdadeiras, é a concepção comum. As aparências que temos da existência inerente de um *eu*, *meu* e demais fenômenos são também aparências comuns; o agarramento ao em-si e todas as demais delusões são concepções comuns. Concepções comuns são obstruções à libertação, e aparências comuns são obstruções à onisciência. Em geral, todos os seres vivos, exceto os *Bodhisattvas* que obtiveram a concentração semelhante-a-um-*vajra* do Caminho da Meditação, têm aparências comuns.

Agora, se João fosse meditar no estágio de geração de Heruka, considerando intensamente a si próprio como Heruka e acreditando que o seu ambiente, experiências, corpo e mente são os de Heruka, nesse momento ele teria o orgulho divino que impede concepções comuns. Se ele também alcançar a clara aparência de si próprio como Heruka, com o ambiente, prazeres, corpo e mente de Heruka, nesse momento ele terá a clara aparência que o impede de perceber aparências comuns.

Inicialmente, as concepções comuns são mais prejudiciais do que as aparências comuns. A razão pela qual isso acontece é ilustrada pela analogia a seguir. Suponha que um mágico faça aparecer a ilusão de um tigre diante de uma plateia. O tigre aparece tanto para a plateia quanto para o mágico, mas a plateia acredita que o tigre existe de verdade e, por causa disso, sente medo, ao passo que o mágico não aceita, ou não concorda, com a aparência do tigre e permanece calmo. O problema da plateia não é que o tigre apareça para ela, mas sua concepção de que o tigre exista verdadeiramente. É essa concepção, muito mais que a mera aparência do tigre, que faz a plateia experienciar medo. Se, como o mágico, a plateia não tivesse a concepção de que o tigre existe, então, mesmo que o tigre continuasse aparecendo, a plateia não teria medo. Do mesmo modo, mesmo quando as coisas aparecem para nós como comuns, se não nos aferrarmos conceitualmente a elas como comuns, isso não será tão prejudicial. De modo semelhante, é menos danoso para o nosso desenvolvimento espiritual que nosso Guia Espiritual nos apareça como comum, ainda que sustentemos que ele (ou ela) é em essência um Buda, do que se nosso Guia Espiritual nos aparecesse como comum e acreditássemos que ele (ou ela) é comum. A convicção de que nosso Guia Espiritual é um Buda, mesmo quando ele (ou ela) possa aparecer-nos como uma pessoa comum, ajuda a nossa prática espiritual a progredir rapidamente.

Para reduzir as aparências e concepções comuns, Buda ensinou o Tantra do estágio de geração; e, para abandonar essas duas obstruções por completo, Buda ensinou o Tantra do estágio de conclusão, especialmente o Mahamudra-Tantra. Completando o nosso treino nesses Tantras, iremos nos tornar um ser iluminado tântrico, como Heruka, com as completas purezas de ambiente, corpo, prazeres e atividades de um Buda.

Togden Jampel Gyatso

O Tantra do Estágio de Geração

No ESTÁGIO DE geração, os praticantes tântricos geram a si mesmos, por força de imaginação correta que surge de sabedoria, como Deidades tântricas iluminadas (como Heruka, por exemplo) e seu ambiente, corpo, prazeres e atividades como sendo os de Heruka. Esse novo mundo imaginado de Heruka é o seu objeto de meditação e eles meditam nessa nova geração com concentração estritamente focada. Treinando continuamente nessa meditação, os praticantes tântricos obtêm profundas realizações de si próprios como Heruka e de seu ambiente, corpo, prazeres e atividades como sendo os de Heruka. Essa realização interior é o Tantra do estágio de geração.

O Tantra do estágio de geração é definido como uma realização interior de um ioga criativo, obtida por meio do treino nos três trazeres. Ele é denominado "ioga criativo" porque o objeto de meditação é criado por imaginação e sabedoria. Os três trazeres são: trazer a morte para o caminho do Corpo-Verdade, trazer o estado intermediário para o caminho do Corpo-de-Deleite e trazer o renascimento para o caminho do Corpo-Emanação. A principal função do Tantra do estágio de geração é purificar a morte comum, o estado intermediário comum e o renascimento comum, a fim de se alcançar o Corpo-Verdade, o Corpo-de--Deleite e o Corpo-Emanação de Buda. Explicações detalhadas sobre como treinar nos três trazeres podem ser encontradas em outros livros tântricos, como *Essência do Vajrayana* e *Novo Guia à Terra Dakini*.

No Tantra do estágio de geração, os praticantes enfatizam o treino em orgulho divino e o treino em clara aparência. Antes de treinar em orgulho divino, os praticantes precisam aprender a perceber os seus próprios corpo e mente como o corpo e a mente de Heruka. Tendo realizado isso, eles então usam o seu corpo e mente imaginados de Heruka como base de imputação para o seu *eu* e desenvolvem o pensamento "eu sou Buda Heruka". Então, eles meditam nesse orgulho divino com concentração estritamente focada. Por treinarem nessa meditação, eles irão obter uma profunda realização do orgulho divino, que acredita espontaneamente que eles são Heruka. Nesse momento, eles terão mudado a base de imputação do *eu* deles.

Desde tempos sem início, vida após vida, a base de imputação para o nosso *eu* tem sido, exclusivamente, um corpo e mente contaminados. Porque o nosso *eu* é imputado a um corpo e mente contaminados, sempre que desenvolvemos o pensamento "eu" experienciamos, simultaneamente, a ignorância do agarramento ao em-si do próprio eu, uma mente que se agarra a um *eu* e *meu* inerentemente existentes, que é a raiz de todos os nossos sofrimentos. No entanto, para praticantes tântricos qualificados, sua profunda realização do orgulho divino impede que a ignorância do agarramento ao em-si do próprio eu surja; por essa razão, não há base para que experienciem sofrimento: eles desfrutam de seus ambiente, corpo, prazeres e mente puros de Heruka.

Se esses praticantes ainda não são realmente Buda Heruka, podemos nos perguntar como eles podem acreditar que o são; e como é possível que obtenham a realização do orgulho divino se a sua visão, que acredita que eles próprios sejam Heruka, é uma visão equivocada? Embora esses praticantes não sejam realmente Buda Heruka, eles podem, todavia, acreditar que o são porque mudaram sua base de imputação – de seus agregados contaminados para os agregados incontaminados de Heruka. A crença de que, eles próprios, são Buda Heruka não é uma visão equivocada porque ela é não enganosa e surge da sabedoria que realiza que um *eu* e *meu* inerentemente existentes não existem. Portanto, sua realização do orgulho divino, que acredita espontaneamente que eles próprios são Heruka, tem o poder de impedir o surgimento da ignorância do agarramento ao em-si, a raiz do samsara. Os fenômenos não existem do seu próprio lado. Não há um *eu*, *meu* e outros fenômenos inerentemente existentes; todos os fenômenos existem como meras imputações. As coisas são imputadas sobre suas bases de imputação pelo pensamento. O que significa "base de imputação"? As partes de um carro, por exemplo, são a base de imputação para *carro*. As partes do carro não são o carro; ademais, não existe carro algum para além das suas partes. O carro é imputado sobre as suas partes pelo pensamento. Como? Ao perceber qualquer uma das partes do carro, naturalmente desenvolvemos o pensamento "isto é o carro". De modo semelhante, nosso corpo e mente não são o nosso *eu*, ou *self*, mas são a base de imputação para o nosso *eu*, ou self. O nosso *eu* é imputado ao nosso corpo e mente pelo pensamento. Ao perceber o nosso corpo e mente, naturalmente desenvolvemos o pensamento *eu* ou *meu*. Sem uma base de imputação, as coisas não podem existir; tudo depende de sua base de imputação.

Por que é necessário mudar a base de imputação do nosso *eu*? Como foi mencionado acima, desde tempos sem início, vida após vida até agora, a base de imputação para o nosso *eu* tem sido, apenas, agregados contaminados de corpo e mente. Já que a base de imputação para o nosso *eu* é contaminada pelo veneno da ignorância do agarramento ao em-si, vivenciamos o infindável ciclo de sofrimento. Para nos libertarmos permanentemente do sofrimento precisamos, portanto, mudar a nossa base de imputação – de agregados contaminados para agregados incontaminados.

Como podemos mudar a nossa base de imputação? Temos, constantemente, mudado incontáveis vezes a nossa base de imputação. Em nossas vidas anteriores, tomamos incontáveis renascimentos e, a cada vez, a base de imputação para o nosso *eu* foi diferente. Quando tomamos um renascimento humano, nossa base de imputação foi um corpo e mente humanos e, quando tomamos um renascimento animal, nossa base de imputação foi o corpo e a

Baso Chokyi Gyaltsen

mente de um animal. Mesmo nesta vida, quando éramos um bebê, nossa base de imputação foi o corpo e a mente de um bebê; quando éramos um adolescente, nossa base de imputação foi o corpo e a mente de um adolescente e, quando envelhecermos, nossa base de imputação será o corpo e a mente de uma pessoa idosa. Todas essas incontáveis bases de imputação são agregados contaminados. Nunca mudamos nossa base de imputação, de agregados contaminados para agregados incontaminados. Somente confiando nos ensinamentos tântricos de Buda é que podemos realizar isso.

Mudaremos nossa base de imputação de agregados contaminados para incontaminados por meio de treinar em clara aparência e orgulho divino. Como Buda explicou em seus ensinamentos tântricos, primeiramente aprendemos a purificar nosso corpo e mente meditando na vacuidade do corpo, da mente e de todos os demais fenômenos. Percebendo apenas vacuidade, geramo-nos então como uma Deidade iluminada, como Heruka. Depois, aprendemos a perceber claramente nosso corpo e mente como o corpo e mente de Heruka, o nosso mundo como a Terra Pura de Heruka e todos os que estão ao nosso redor como Heróis e Heroínas iluminados. Isso é denominado "treinar em clara aparência". Percebendo nosso corpo e mente como os agregados incontaminados de corpo e mente de Heruka, desenvolvemos o pensamento "eu sou Buda Heruka". Meditamos, então, continuamente nesse orgulho divino, com concentração estritamente focada, até obtermos a profunda realização do orgulho divino que espontaneamente acredita que somos Buda Heruka. Nesse momento, teremos mudado a nossa base de imputação, de agregados contaminados para agregados incontaminados.

Por exemplo, se normalmente nos chamamos João, nunca devemos acreditar que João é Buda Heruka, mas sentir que João desapareceu na vacuidade antes de nos gerarmos como Buda Heruka. Depois, acreditamos que o nosso *eu*, que é imputado ao corpo e mente de Heruka, é Buda Heruka. Porque surge de sabedoria, essa crença não é uma visão equivocada, ao passo que as visões equivocadas necessariamente surgem da ignorância. A realização do orgulho divino surge de sabedoria e é um método poderoso para acumular grande mérito e sabedoria.

Mesmo que tenhamos a realização que acredita espontaneamente que somos Buda Heruka, nunca devemos indicar ou declarar isso para os outros, já que esse comportamento não é apropriado na sociedade normal. As pessoas ainda continuarão a nos ver como João e não como Heruka, e nós também sabemos que João não é Heruka. As realizações do orgulho divino e da clara aparência são experiências interiores que têm o poder de controlar nossas delusões e, a partir dessa experiência interior, ações puras naturalmente irão se desenvolver. Por essa razão, não há fundamento para apresentar comportamento inadequado; precisamos continuar a nos envolver em nossas atividades diárias e a nos comunicar normalmente com os outros.

Podemos praticar o Tantra do estágio de geração juntamente com a *sadhana* de *autogeração* de Buda Heruka, que é uma prece ritual para realizarmos as aquisições de Buda Heruka. Uma breve sadhana de autogeração como Heruka, intitulada *O Ioga de Buda Heruka*, pode ser encontrada no Apêndice VIII. Uma explicação detalhada sobre a autogeração como Heruka pode ser encontrada no livro *Essência do Vajrayana*.

O Tantra do Estágio de Conclusão

O ESTÁGIO DE geração é como desenhar o esboço de uma pintura, e o estágio de conclusão é como concluir a pintura. Muito embora os principais objetos de meditação do estágio de geração (o *mandala* e as Deidades) sejam gerados por meio de imaginação correta, os principais objetos de meditação do estágio de conclusão (os canais, gotas e ventos) já existem dentro do nosso corpo e não há necessidade de gerá-los por meio do poder da imaginação. Por essa razão, o estágio de conclusão não é um ioga criativo.

O Tantra do estágio de conclusão é definido como uma realização interior de aprendizagem, desenvolvida na dependência de os ventos interiores entrarem, permanecerem e se dissolverem dentro do canal central por força de meditações. Os objetos dessas meditações são: o canal central, a gota indestrutível e o vento e a mente indestrutíveis.

O CANAL CENTRAL

O canal central está localizado exatamente no meio entre as metades esquerda e direita do corpo, mais próximo das costas do que da frente. Imediatamente na frente da coluna está o canal da vida, que é muito grosso, e em frente a ele, o canal central. Ele começa no ponto entre as sobrancelhas, de onde ascende formando um arco até a coroa da cabeça e, então, desce em linha reta até a ponta do órgão sexual.

O canal central é azul-pálido por fora e possui quatro atributos: (1) é reto como o tronco de uma bananeira; (2) por dentro é vermelho-oleoso, como sangue puro; (3) é muito claro e transparente, como uma chama de vela; e (4) é muito macio e flexível, como uma pétala de lótus. De ambos os lados do canal central estão os canais direito e esquerdo, sem nenhum espaço entre eles e o canal central. O canal direito é vermelho e o esquerdo é branco. O canal direito começa na ponta da narina direita e, o canal esquerdo, na ponta da narina esquerda. A partir daí, ambos ascendem formando um arco até a coroa da cabeça, por ambos os lados do canal central. Da coroa da cabeça até o umbigo, esses três principais canais são retos e adjacentes entre si. À medida que o canal esquerdo continua descendo abaixo do nível do umbigo, ele faz uma pequena curva à direita, separando-se levemente do canal central e voltando a se reunir com ele na ponta do órgão sexual. Ali, ele cumpre a função de reter e soltar esperma, sangue e urina. À medida que o canal direito continua abaixo do nível do umbigo, ele faz uma pequena curva à esquerda e termina na ponta do ânus, onde cumpre a função de reter e soltar fezes e assim por diante.

Os canais direito e esquerdo enrolam-se em torno do canal central em vários pontos, formando os chamados "nós do canal". Os quatro lugares onde esses nós ocorrem são, em ordem ascendente: a roda--canal do umbigo (ou *chakra* do umbigo), a roda-canal do coração, a roda-canal da garganta e a roda-canal da coroa. Em cada um desses pontos, exceto no coração, há um nó duplo formado por uma única volta do canal direito e uma única volta do esquerdo. Assim que os canais direito e esquerdo sobem até esses pontos, eles se enrolam no canal central cruzando-o na frente e, depois, dando uma volta ao seu redor. Então, eles continuam para cima até o nó seguinte. Ao nível do coração, a mesma coisa acontece; só que, aqui, há um nó sêxtuplo formado por três voltas superpostas de cada um dos dois canais laterais. Os canais são os caminhos pelos quais fluem os ventos interiores e as gotas. No início, é suficiente simplesmente familiarizar--se com a descrição e a visualização dos três canais. Uma explicação mais detalhada dos canais pode ser encontrada no Apêndice II.

A GOTA INDESTRUTÍVEL

Existem dois tipos de gota em nosso corpo: gotas brancas e gotas vermelhas. As gotas brancas são a pura essência do fluido seminal branco, ou esperma, e as gotas vermelhas são a pura essência do sangue. Ambas têm formas densas e sutis. As gotas brancas e vermelhas que fluem fora do canal central são gotas densas. O canal central contém tanto gotas densas quanto gotas sutis.

A localização principal da gota branca (também conhecida como "bodhichitta branca") é a roda-canal da coroa e é deste lugar que se origina o fluido branco seminal. A localização principal da gota vermelha (também conhecida como "bodhichitta vermelha") é a roda-canal do umbigo e é deste lugar que se origina o sangue. A gota vermelha no umbigo é também a origem do calor do corpo e a base para a aquisição das realizações do fogo interior, ou *tummo*. Quando as gotas derretem e fluem pelos canais, elas dão origem a uma experiência de êxtase.

Como acabamos de explicar, na roda-canal do coração há um nó sêxtuplo formado pelo enrolar dos canais direito e esquerdo em torno do canal central, apertando-o. Esse é o nó mais difícil de afrouxar, mas, quando ele for afrouxado por meio de meditação, desenvolveremos um grande poder – a realização da clara-luz. Porque o canal central, na altura do coração, está comprimido por esse nó sêxtuplo, ele fica bloqueado, como um tubo de bambu. Dentro do canal central, bem no centro desse nó sêxtuplo, fica um pequeno vacúolo e, dentro dele, há uma gota denominada "gota indestrutível". Ela é do tamanho de uma pequena ervilha, com a metade superior branca e a metade inferior vermelha. A substância da metade branca é a essência muito clara do esperma, e a substância da metade vermelha é a essência muito clara do sangue. Essa gota, que é muito pura e sutil, é a própria essência de todas as gotas. Todas as gotas comuns vermelhas e brancas do nosso corpo vieram originalmente dessa gota.

A gota indestrutível é como uma pequena ervilha que foi cortada ao meio, levemente escavada e, então, unida novamente.

Ela é denominada "gota indestrutível" porque as suas duas metades nunca se separam até a morte. Quando morremos, todos os ventos interiores se dissolvem dentro da gota indestrutível e isso faz com que a gota se abra. Quando as duas metades se separam, a nossa consciência imediatamente deixa o nosso corpo e parte para a próxima vida.

O VENTO E A MENTE INDESTRUTÍVEIS

A natureza do vento indestrutível é o vento interior muito sutil. Os ventos interiores são ventos-energia que fluem pelos canais do corpo e são muito mais sutis que os ventos exteriores. Eles estão associados com várias mentes e atuam como montarias para elas. Sem esses ventos, nossa mente não pode se mover de um objeto para outro. É dito que os ventos interiores são como alguém que é cego, mas que possui pernas, porque eles não podem perceber coisa alguma, mas podem se mover de um lugar para outro. As mentes são como alguém que possui olhos, mas não tem pernas, porque as mentes podem ver, mas não podem se mover sem a sua montaria, os ventos interiores. Porque as mentes estão sempre montadas em seus ventos interiores associados, eles podem, juntos, ver e se mover.

Os ventos interiores que fluem pelos canais esquerdo e direito são impuros e prejudiciais porque atuam como montarias para as mentes de agarramento ao em-si, autoapreço e demais delusões. Precisamos fazer grande esforço para trazer e dissolver esses ventos interiores dentro do canal central, de modo que possamos impedir o surgimento dessas delusões.

Para os seres comuns, os ventos interiores entram, permanecem e se dissolvem dentro do canal central apenas durante o processo da morte e do sono profundo. O vento e a mente indestrutíveis se manifestam nesses momentos, mas os seres comuns não conseguem reconhecê-los porque sua memória, ou contínua-lembrança, é incapaz de funcionar nessas ocasiões. Os praticantes tântricos do estágio de conclusão conseguem fazer com que os seus ventos interiores entrem, permaneçam e se dissolvam dentro do canal central a qualquer momento, pelo poder de sua meditação nos canais, gotas e ventos. Eles conseguem, portanto, alcançar as realizações das cinco etapas do Tantra do estágio de conclusão: (1) a realização inicial do grande êxtase espontâneo (corpo-isolado e fala-isolada do estágio de conclusão); (2) clara-luz-exemplo última; (3) corpo-ilusório; (4) clara-luz-significativa; e (5) a união da clara-luz-significativa e do corpo-ilusório puro. A partir da quinta etapa, os praticantes obtêm a iluminação propriamente dita em poucos meses.

Existem cinco ventos-raízes e cinco ventos secundários. Os ventos-raízes são:

1. O vento de sustentação vital;
2. O vento descendente de esvaziamento;
3. O vento ascendente movedor;
4. O vento que-permanece-por-igual;
5. O vento que-permeia.

Os cinco ventos secundários são:

1. O vento movedor;
2. O vento intensamente movedor;
3. O vento perfeitamente movedor;
4. O vento fortemente movedor;
5. O vento definitivamente movedor.

Uma explicação detalhada dos ventos interiores pode ser encontrada no Apêndice III.

O vento indestrutível é o vento muito sutil que está associado com a mente muito sutil e que atua como montaria para ela. Ele é denominado "corpo residente-contínuo" porque sempre tivemos esse corpo continuamente, vida após vida. Embora a nossa mente de autoapreço acredite que o nosso corpo atual seja o nosso verdadeiro corpo e o aprecie, na verdade o nosso corpo atual é

Drubchen Dharmavajra

uma parte dos corpos de outros, porque nosso corpo é parte dos corpos de nossos pais. O nosso *eu* (ou self) imputado ao nosso corpo e mente atuais cessará ao final do processo da morte, ao passo que o nosso *eu* imputado ao nosso corpo e mente residentes-contínuos nunca cessará, mas seguirá de uma vida para outra. É essa pessoa, ou *eu*, que, por fim, irá se tornar um ser iluminado. Por meio dessa explicação, podemos compreender que, de acordo com o Tantra Ioga Supremo, no continuum mental de cada ser vivo existe uma pessoa imortal (um *eu* imortal) que possui um corpo imortal. No entanto, sem confiar nas profundas instruções do Tantra Ioga Supremo, não conseguiremos reconhecer nossos corpo imortal e *eu* imortal (ou verdadeiro self) que nos são próprios. Certa vez, um iogue disse:

> Primeiro, devido ao medo da morte, corri em direção ao Dharma.
> Depois, treinei no estado da imortalidade.
> Finalmente, realizei que a morte não existe e relaxei!

Dentro da gota indestrutível residem o vento e a mente indestrutíveis, a união do nosso vento muito sutil e da nossa mente muito sutil. O vento muito sutil é o nosso verdadeiro corpo, ou corpo residente-contínuo. A mente muito sutil, ou mente indestrutível, é a nossa mente verdadeira, ou mente residente-contínua, e ela está montada sobre o vento muito sutil. Porque a união do nosso vento muito sutil e da nossa mente muito sutil nunca cessa, essa união é denominada "o vento e a mente indestrutíveis". O nosso vento e mente indestrutíveis nunca se separaram desde tempos sem início e nunca irão se separar no futuro. A combinação de nosso corpo muito sutil e de nossa mente muito sutil possui um potencial de comunicação, que é a nossa fala muito sutil – a nossa verdadeira fala, ou fala residente-contínua. No futuro, ela irá se tornar a fala de um Buda. Em resumo, dentro da gota indestrutível estão os nossos verdadeiros corpo, fala e mente que, no futuro, irão se tornar o corpo, a fala e a mente iluminados de um Buda.

Tendo obtido alguma experiência do Tantra do estágio de geração, que é como desenhar o esboço de uma pintura, precisamos nos empenhar nas meditações do Tantra do estágio de conclusão com o objetivo de concluir a pintura. Essas meditações são as meditações no canal central, na gota indestrutível e no vento e mente indestrutíveis, conhecidas como "os iogas do canal, gota e vento". Devemos nos empenhar continuamente nessas meditações, juntamente com a prática dos guias preliminares, que serão explicados na Parte Dois.

COMO MEDITAR NO CANAL CENTRAL

Primeiro, devemos aprender a perceber qual o aspecto do nosso canal central, contemplando o seguinte:

> Meu canal central está localizado exatamente no meio entre as metades esquerda e direita do meu corpo, mais próximo das costas do que da frente. Imediatamente na frente da coluna está o canal da vida, que é muito grosso, e, em frente a ele, está o canal central. Ele começa no ponto entre minhas sobrancelhas, de onde ascende formando um arco até a coroa de minha cabeça e, então, desce em linha reta até a ponta do meu órgão sexual. Ele é azul-pálido por fora e vermelho-oleoso por dentro. Ele é claro e transparente, muito macio e flexível.

Logo ao início, se o desejarmos, podemos visualizar o canal central como sendo bem largo e, então, pouco a pouco o visualizamos cada vez mais fino, até que, por fim, sejamos capazes de visualizá-lo como tendo a largura de um canudinho para beber. Contemplamos repetidamente desse modo, até percebermos uma imagem genérica do nosso canal central. Acreditando que a nossa mente está dentro do canal central, na altura do coração, concentramo-nos de modo estritamente focado no canal central, na altura do coração, e meditamos nisso. Devemos treinar continuamente desse modo até obtermos uma profunda experiência dessa meditação.

COMO MEDITAR NA GOTA INDESTRUTÍVEL

Para perceber a nossa gota indestrutível, contemplamos como segue:

Dentro do meu canal central, na altura do coração, está um pequeno vacúolo. Dentro dele está a minha gota indestrutível. Ela é do tamanho de uma pequena ervilha, com a metade superior branca e a metade inferior vermelha. Ela é como uma ervilha que foi cortada ao meio, levemente escavada e, então, unida novamente. Ela é a verdadeira essência de todas as gotas e é muito pura e sutil. Apesar de ser a substância do sangue e do esperma, ela possui uma natureza muito clara, como uma minúscula bola de cristal que irradia raios de luz de cinco cores.

Contemplamos repetidamente desse modo, até percebermos uma imagem genérica clara da nossa gota indestrutível em nosso coração, dentro do canal central. Com a sensação de que a nossa mente está dentro da nossa gota indestrutível, no coração, meditamos de modo estritamente focado nessa gota, sem distrações.

Essa meditação é um método poderoso para fazer com que os nossos ventos interiores entrem, permaneçam e se dissolvam no canal central. O mestre Ghantapa disse:

*Devemos meditar estritamente focados
Na gota indestrutível que reside sempre no nosso coração.
Aqueles que estão familiarizados com essa meditação
Definitivamente desenvolverão excelsa sabedoria.*

Aqui, "excelsa sabedoria" significa a sabedoria da clara-luz de êxtase experienciada quando os nós na roda-canal do coração são afrouxados. De todos os nós no canal central, esses são os mais difíceis de serem afrouxados; mas, se desde o começo da nossa prática do estágio de conclusão nos concentrarmos em nossa roda-canal do coração, isso irá nos ajudar a afrouxar esses nós. Essa meditação,

O nada
(reproduzido do tamanho que deve ser visualizado)

portanto, é um método poderoso para obter qualificadas realizações do estágio de conclusão.

COMO MEDITAR NO VENTO E MENTE INDESTRUTÍVEIS

Para obtermos uma profunda experiência da sabedoria da clara-luz de êxtase, empenhamo-nos na meditação do vento e da mente indestrutíveis. Primeiro, encontramos o objeto dessa meditação, isto é, a percepção clara do nosso vento e mente indestrutíveis, por contemplar o seguinte:

Dentro da minha gota indestrutível encontra-se a união do meu vento indestrutível e da minha mente indestrutível, sob o aspecto de um minúsculo nada, que simboliza a mente de clara-luz de Heruka. Esse nada é branco-avermelhado e irradia raios de luz de cinco cores. Minha gota indestrutível, localizada dentro do meu canal central, na altura de meu coração, é como uma casa, e a união do meu vento e mente indestrutíveis é como alguém que vive dentro dessa casa.

Contemplamos repetidamente desse modo, até percebermos o *nada*, que é da natureza da união do nosso vento e mente indestrutíveis. Com o forte reconhecimento de que o *nada* é a união do nosso vento e da nossa mente muito sutis, e sentindo que a nossa mente entrou nesse *nada*, meditamos de modo estritamente focado no *nada*, sem esquecê-lo.

Por obter profunda experiência das meditações do canal central, da gota indestrutível e da união do vento e da mente indestrutíveis, nossos ventos interiores irão entrar, permanecer e se dissolver dentro do canal central e experienciaremos sinais especiais. Podemos saber se os ventos entraram, ou não, no canal central observando a nossa respiração. Normalmente, há desequilíbrios em nossa respiração – uma narina exala mais ar do que a outra, e o ar começa a sair primeiro por uma narina antes de sair pela outra. No entanto, quando os ventos entram no canal central, em consequência das meditações explicadas acima, a pressão e a simultaneidade da respiração serão iguais em ambas as narinas durante a inalação e a exalação. Por essa razão, o primeiro sinal a ser observado é que estaremos respirando uniformemente por ambas as narinas. Outro desequilíbrio que podemos notar na respiração normal é que a inalação é mais forte que a exalação, ou vice-versa. O segundo sinal de que os ventos entraram no canal central é que a pressão da inalação será exatamente igual à da exalação.

Existem mais dois sinais que indicam que os ventos estão permanecendo no canal central: (1) a nossa respiração torna-se cada vez mais fraca, até cessar por completo, e (2) todo o movimento abdominal, normalmente associado com a respiração, cessa. Em circunstâncias normais, se a nossa respiração parar, seremos tomados pelo pânico e pensaremos que estamos prestes a morrer, mas, se formos capazes de interromper a respiração por força de meditação, longe de entrarmos em pânico, nossa mente irá se tornar mais e mais confiante, confortável e flexível.

Quando os ventos permanecem dentro do canal central, não dependemos mais do ar denso para permanecermos vivos. Normalmente, nossa respiração cessa apenas na hora da morte. Durante o sono, nossa respiração torna-se muito mais sutil, mas ela nunca para completamente. Durante a meditação do estágio de conclusão, no entanto, nossa respiração pode vir a parar completamente, sem que fiquemos inconscientes. É possível que, após terem permanecido no canal central por cinco ou dez minutos, os ventos escapem novamente para os canais direito e esquerdo. Se isso acontecer, recomeçaremos a respirar. O ar fluindo pelas narinas é um indicador de que os ventos não estão mais dentro do canal central.

Quais são os sinais de que os ventos se dissolveram dentro do canal central? Existem sete ventos que precisam se dissolver, e cada um deles possui um sinal específico que indica que a sua dissolução foi concluída. Os sete ventos são:

1. O vento do elemento terra;
2. O vento do elemento água;
3. O vento do elemento fogo;
4. O vento do elemento vento;
5. O vento montado pela mente da aparência branca;
6. O vento montado pela mente do vermelho crescente;
7. O vento montado pela mente da quase-conquista negra.

Os primeiros quatro ventos são densos e os três restantes são sutis. Esses sete ventos dissolvem-se gradualmente e em sequência e, para cada dissolução, há uma aparência específica.

O vento do elemento terra mantém e aumenta tudo o que está associado com o elemento terra em nosso corpo, como os nossos ossos, cartilagens e unhas. Quando esse vento se dissolve dentro do canal central, percebemos uma aparência conhecida como "aparência miragem". Ela é como a aparência de uma água tremeluzente que, às vezes, é vista no solo de um deserto. Essa aparência miragem é percebida em três níveis que dependem do grau de dissolução do vento do elemento terra dentro do canal central. Se a dissolução for apenas fraca, a aparência será vaga, a menos clara de todas e muito difícil de reconhecer; se a dissolução for quase completa, a aparência será mais clara e mais vívida; e se o vento se dissolver por completo, a aparência será inequivocamente clara e vívida e impossível de não ser percebida. Quando o vento do elemento terra tiver se dissolvido e a aparência miragem tiver sido percebida, o próximo vento irá se dissolver e uma aparência diferente irá se manifestar. Quanto mais completa houver sido a dissolução do primeiro vento, mais vívida será a nossa percepção da próxima aparência.

O segundo vento a se dissolver é o vento do elemento água, que mantém e aumenta os elementos líquidos do corpo, como o sangue. A aparência associada a essa dissolução é denominada "aparência fumaça". Alguns textos dizem que essa aparência é como a fumaça ondulante de uma chaminé, mas essa não é a sua verdadeira aparência. Existe uma aparência semelhante à fumaça ondulante, mas ela ocorre logo antes da dissolução propriamente dita do vento do elemento água. A verdadeira aparência fumaça não será percebida até que essa aparência inicial tenha cessado. A aparência fumaça é como filetes de fumaça azul que flutuam no ar, como uma névoa que gira lentamente. Como foi explicado, há três níveis em que essa aparência é percebida, dependendo do grau em que o vento do elemento água se dissolveu.

Em seguida, vem a dissolução do vento do elemento fogo. Esse vento mantém e aumenta o elemento fogo no corpo e é responsável pelo calor corporal e assim por diante. O sinal de que esse vento se dissolveu é a "aparência vaga-lumes cintilantes". Essa aparência é, algumas vezes, descrita como um fogo crepitante visto à noite, com faíscas que sobem girando, em massa, acima do fogo e que se assemelham à aparência de vaga-lumes cintilantes. Uma vez mais, há três níveis em que essa aparência é percebida, dependendo do grau de dissolução.

Em seguida, o vento do elemento vento se dissolve. Esse é o vento montado pelo pensamento conceitual denso. É ele que sustenta as aparências duais densas e os pensamentos conceituais densos, que surgem como resultado de considerar essas aparências como sendo verdadeiras. O sinal de que o quarto vento denso começou a se dissolver é a "aparência chama de vela". Ela é como a chama vertical, reta e firme de uma vela, num quarto sem correntes de ar. Uma vez mais, há três níveis em que essa aparência é percebida.

Quando o vento do elemento terra se dissolve dentro do canal central e, consequentemente, o poder do elemento terra fica diminuído, é como se o elemento água houvesse aumentado porque, como o poder do elemento anterior diminuiu, o próximo elemento é percebido de modo mais claro. Por essa razão, a dissolução do vento do elemento terra no canal central é frequentemente descrita como "o elemento terra se dissolvendo no elemento água". Por razões semelhantes, as dissoluções subsequentes são descritas como "o elemento água se dissolvendo no elemento fogo", "o elemento fogo se dissolvendo no elemento vento" e "o elemento vento se dissolvendo na consciência".

Após a aparência chama de vela, todas as mentes conceituais densas deixam de funcionar porque os ventos sobre os quais estavam montadas se dissolveram e desapareceram. Quando o meditador conclui a dissolução do quarto vento, a primeira mente sutil – a mente da aparência branca – surge. Com essa mente, o meditador percebe uma aparência de brancura, como a luz brilhante da lua preenchendo o céu vazio numa noite clara de outono. Como antes, há três níveis de clareza para essa aparência, dependendo da habilidade do meditador.

A essa altura, a mente está totalmente livre de concepções densas, como as oitenta concepções indicativas listadas no livro *Clara-Luz de Êxtase*, e a única percepção é a de um espaço vazio, branco. Os seres comuns, por exemplo, também percebem essa aparência no momento da morte, mas são incapazes de reconhecê-la ou de prolongá-la porque, nessa etapa, o nível comum denso da contínua-lembrança parou de funcionar. No entanto, apesar de não mais haver contínua-lembrança densa nessa etapa, aqueles que treinaram corretamente de acordo com as práticas do Tantra do estágio de conclusão são capazes de usar a contínua-lembrança sutil que desenvolveram durante a meditação para reconhecer e prolongar a aparência branca, algo que os seres comuns são incapazes de fazer.

Quando o vento sutil montado pela mente da aparência branca se dissolve, a mente do vermelho crescente surge. Essa mente e o seu vento montado são mais sutis que a mente e o vento da aparência branca. O sinal que ocorre quando a mente do vermelho crescente surge é o de uma aparência semelhante à luz vermelha do sol preenchendo um céu vazio. Uma vez mais, há três níveis de clareza para essa aparência.

Quando o vento sutil montado pela mente do vermelho crescente se dissolve, a mente da quase-conquista negra surge. Essa mente e o seu vento montado são ainda mais sutis que a mente e o vento do vermelho crescente. A mente da quase-conquista negra possui dois níveis: a parte superior e a parte inferior. A parte superior da mente da quase-conquista negra ainda possui contínua-lembrança sutil, mas a parte inferior não tem contínua-lembrança alguma. Ela é experienciada como uma inconsciência esmagadora, como a de um desmaio muito profundo. Neste ponto, aos olhos dos outros, parecemos mortos.

O sinal que ocorre quando a mente da quase-conquista negra surge é o de uma aparência semelhante a um céu vazio muito negro. Essa aparência vem com a parte superior da mente da quase-conquista negra, imediatamente após a cessação da mente do vermelho crescente. À medida que a experiência da quase-conquista negra progride e nos aproximamos da completa inconsciência, a nossa contínua-lembrança sutil cessa. Quanto mais forte o vento se dissolve dentro do canal central, mais profundamente inconscientes ficamos durante a mente da quase-conquista negra; e quanto mais inconscientes ficarmos nesse momento, mais vividamente perceberemos a aparência seguinte – a clara-luz. Ela é semelhante à experiência de alguém que está num quarto escuro por um longo tempo; quanto mais tempo lá estiver, mais claro o mundo exterior irá lhe aparecer quando sair do quarto. Assim, o grau de claridade experienciada depende da profundidade e da duração da escuridão anterior.

Quando o vento sutil montado pela mente da quase-conquista negra se dissolve, a mente de clara-luz surge. Essa mente e o seu vento montado são os mais sutis de todos. O sinal que ocorre quando essa mente surge é o de uma aparência semelhante ao céu de outono ao amanhecer – perfeitamente claro e vazio.

Quando a mente de clara-luz surge, uma contínua-lembrança muito sutil é restaurada, de acordo com o nível de desenvolvimento do meditador. O vento muito sutil e a mente muito sutil que está montada sobre ele residem na gota indestrutível, no centro da roda-canal do coração. Normalmente, a mente muito sutil não funciona, mas, no momento da clara-luz, ela se manifesta e se torna ativa. Se tivermos treinado nas técnicas do Tantra do estágio de conclusão e tivermos nos tornado peritos nelas, seremos capazes de perceber e de manter a aparência da clara-luz. Por fim, aprendendo a usar a contínua-lembrança muito sutil desenvolvida nessa etapa, seremos capazes de focar nossa mente muito sutil na vacuidade e, desse modo, usar a mente de clara-luz como um meio para alcançar o Corpo-Verdade de um Buda.

A nossa mente não pode se tornar mais sutil que a mente de clara-luz. Durante as primeiras quatro aparências (miragem, fumaça, vaga-lumes cintilantes e chama de vela), os ventos densos dissolvem-se; e durante as três aparências seguintes (aparência branca, vermelho crescente e quase-conquista negra) os ventos sutis dissolvem-se. Então, com a aparência da clara-luz, a mente muito sutil e seu vento montado se manifestam e se tornam ativos. Eles não podem se dissolver porque são indestrutíveis. Após a morte, eles simplesmente passam para a próxima vida.

Dentre os três ventos sutis montados pelas três mentes sutis, o menos sutil é aquele montado pela mente da aparência branca. Essa mente é denominada "aparência branca" porque tudo que é percebido é a aparência de um espaço vazio, branco. Ela é também denominada "vazia" porque a mente da aparência branca percebe esse espaço branco como vazio. Nessa etapa, a aparência do branco e a aparência do vazio têm a mesma intensidade.

Quando o vento montado pela mente da aparência branca se dissolve, a segunda das três mentes sutis (a mente do vermelho crescente) surge. O vento montado por essa mente é mais sutil que o montado pela mente da aparência branca. Essa mente é denominada "vermelho crescente" porque a aparência de um espaço vermelho está aumentando. Ela é também denominada "muito vazia" porque a aparência do vazio é mais forte que a da mente anterior. Nessa etapa, a aparência do vazio é mais forte que a aparência do vermelho.

Quando o vento da mente do vermelho crescente se dissolve, a terceira mente sutil – a mente da quase-conquista negra – surge. Essa mente é denominada "quase-conquista" porque a experiência da clara-luz está, agora, muito perto de ser alcançada. Ela é também denominada "grande vazio" porque a aparência do vazio é ainda maior que a da mente anterior.

Quando o terceiro vento sutil, que é montado pela mente da quase-conquista negra, se dissolve, a mente de clara-luz surge.

Gyalwa Ensapa

Essa mente é denominada "clara-luz" porque a sua natureza é muito lúcida e clara e porque ela percebe uma aparência semelhante à luz de um amanhecer de outono. Ela é também denominada "totalmente vazia" porque está vazia de todos os ventos densos e sutis e percebe apenas uma aparência vazia. O objeto da mente de clara-luz é muito semelhante, em aparência, ao objeto percebido por um ser superior em equilíbrio meditativo na vacuidade. No conjunto, as quatro mentes – a mente da aparência branca, a mente do vermelho crescente, a mente da quase-conquista negra e a mente de clara-luz – são mencionadas como "os quatro vazios".

Se um meditador do estágio de conclusão for altamente realizado, ele (ou ela) terá uma experiência muito vívida da clara-luz e será capaz de manter essa experiência por um longo período. A vivacidade da nossa experiência da clara-luz irá depender de quão vívidas tenham sido as sete aparências anteriores, que, por sua vez, dependem de quão fortemente os ventos se dissolveram dentro do canal central. Se os ventos se dissolveram muito fortemente, o meditador terá uma experiência vívida de todas as aparências e será capaz de prolongar a experiência de cada uma. Quanto mais tempo formos capazes de permanecer com a experiência de cada aparência, mais tempo seremos capazes de permanecer com a clara-luz ela própria.

Se uma pessoa morrer de forma violenta, ele (ou ela) irá passar por essas aparências muito rapidamente; mas, se sua morte for lenta ou natural, as aparências, desde a aparência miragem até a clara-luz, serão experienciadas de modo gradual e por mais tempo. Se tivermos desenvolvido a realização da clara-luz-exemplo última, seremos capazes de, quando estivermos em profunda concentração, ter exatamente a mesma experiência dessas aparências caso estivéssemos realmente morrendo. Além disso, se tivermos treinado muito bem nas meditações explicadas acima, seremos capazes de meditar na vacuidade ao longo de todos os quatro vazios, com exceção do período de perda de consciência, ou "desmaio", da mente da quase-conquista negra.

Para sermos capazes de perceber claramente os quatro vazios, exatamente como no processo da morte, devemos ser capazes de dissolver todos os ventos dentro da gota indestrutível, no centro da roda-canal do coração. Se eles se dissolverem em outra roda--canal do canal central, como a roda-canal do umbigo, experienciaremos aparências semelhantes, mas elas serão artificiais – não serão as aparências verdadeiras que ocorrem quando os ventos se dissolvem dentro da gota indestrutível, como fazem no momento da morte.

Embora um meditador realizado possa permanecer na clara--luz por um longo período, ele (ou ela) deve, por fim, sair desse estado. Quando emergimos da clara-luz, a primeira coisa que experienciamos é a mente da quase-conquista negra, em ordem reversa. Então, em sequência, enquanto as mentes se desenvolvem numa ordem que é reversa àquela na qual se dissolveram anteriormente, experienciamos a mente do vermelho crescente, a mente da aparência branca, as oitenta mentes conceituais densas, as mentes da aparência chama de vela e assim por diante.

Portanto, a mente de clara-luz é o fundamento de todas as demais mentes. Quando as mentes densas e sutis e os seus ventos montados se dissolvem na gota indestrutível, no coração, permanecemos unicamente com a clara-luz e, então, a partir dessa clara--luz, todas as demais mentes se desenvolvem, cada uma sendo mais densa que a anterior.

Essas sequências, de ordem serial e reversa, são experienciadas pelos seres comuns durante a morte e durante as etapas iniciais de seu próximo renascimento, e por praticantes qualificados do estágio de conclusão durante a meditação. Como os seres iluminados alcançaram a cessação permanente dos sete ventos listados acima, eles experienciam exclusivamente a mente muito sutil de clara-luz: sua compaixão e bodhichitta fazem parte de sua mente de clara-luz.

O que é o Mahamudra?

O TERMO "MAHAMUDRA" é sânscrito. "Maha" significa "grande" e se refere ao grande êxtase, e "mudra", neste contexto, significa "não enganoso" e se refere à vacuidade. Mahamudra é a união de grande êxtase e vacuidade. O Mahamudra-Tantra é definido como uma mente de clara-luz plenamente qualificada que experiencia grande êxtase e que realiza diretamente a vacuidade. Uma vez que a vacuidade está explicada em detalhe nos ensinamentos de Sutra de Buda e é, também, uma parte do Mahamudra, alguns textos dizem que ela é o Sutra Mahamudra; mas, em verdade, o Mahamudra propriamente dito é, necessariamente, uma realização do Tantra Ioga Supremo.

O Mahamudra é a verdadeira essência dos ensinamentos de Buda. Os ensinamentos de Je Tsongkhapa Losang Dragpa, que é a manifestação do Buda da Sabedoria, fornecem instruções claras e inequívocas sobre o Mahamudra-Tantra; por essa razão, o erudito Gungtang afirma na *Prece para o Florescimento da Doutrina de Je Tsongkhapa*:

> A vacuidade que é explicada nos ensinamentos de Sutra de Buda
> E o grande êxtase que é explicado nos ensinamentos tântricos de Buda –
> A união desses dois é a verdadeira essência dos 84 mil ensinamentos de Buda.
> Que a doutrina do Conquistador Losang Dragpa floresça para sempre.

A natureza do Mahamudra é uma clara-luz plenamente qualificada. Como mencionado anteriormente, existem muitos níveis diferentes da experiência de clara-luz, que dependem do grau de dissolução dos ventos interiores dentro do canal central. A primeira das cinco etapas do estágio de conclusão é a realização do grande êxtase, desenvolvido na dependência da entrada, permanência e dissolução dos ventos interiores dentro do canal central, que ocorre antes da obtenção da clara-luz plenamente qualificada. Ela é denominada "estágio de conclusão do corpo-isolado e da fala-isolada", significando que, nessa etapa, o praticante está livre, ou isolado, das aparências e concepções comuns densas do corpo e da fala.

Uma mente de clara-luz plenamente qualificada que experiencia grande êxtase que realiza a vacuidade por meio de uma imagem genérica é denominada "clara-luz-exemplo última". Essa realização é denominada *última* porque é uma clara-luz plenamente qualificada. Ela é denominada *exemplo* porque, utilizando essa realização como um exemplo, os praticantes compreendem que podem realizar uma mente de clara-luz plenamente qualificada que experiencia grande êxtase que realiza diretamente a vacuidade, denominada "clara-luz-significativa". A realização da clara-luz-exemplo última é a segunda das cinco etapas do estágio de conclusão. Ela é também denominada "mente-isolada" porque, nessa etapa, os praticantes estão livres, ou isolados, das aparências e concepções comuns densas da mente.

Quando os praticantes saem da concentração da clara-luz-exemplo última, o vento indestrutível deles (ou seja, o corpo residente-contínuo) se transforma no corpo-ilusório. O corpo-ilusório é um corpo divino, cuja natureza é luz-sabedoria e que tem o aspecto do corpo divino de uma Deidade iluminada – por exemplo, Heruka. A cor do corpo-ilusório é branca. A realização desse corpo-ilusório é a terceira das cinco etapas do estágio de conclusão e é também denominada "corpo-ilusório da terceira etapa".

Os praticantes que alcançaram o corpo-ilusório da terceira etapa meditam na vacuidade muitas e muitas vezes com sua mente de clara-luz de êxtase até realizarem diretamente a vacuidade de todos os fenômenos. Quando realizam isso, eles alcançam a "clara-luz-significativa", uma mente de clara-luz plenamente qualificada que experiencia grande êxtase que realiza diretamente a vacuidade de todos os fenômenos. Essa realização da clara-luz-significativa é a quarta das cinco etapas do estágio de conclusão e é denominada "clara-luz-significativa da quarta etapa". *Clara-luz-significativa* e *Mahamudra-Tantra* são sinônimos.

Quando os praticantes saem da concentração da clara-luz-significativa, eles alcançam o corpo-ilusório puro e abandonam por completo as concepções comuns e todas as demais delusões. Quando esses praticantes manifestarem novamente a clara-luz-significativa, alcançarão então a união da clara-luz-significativa e do corpo-ilusório puro. A realização dessa união é a quinta das cinco etapas do estágio de conclusão e é denominada "união da quinta etapa". A partir dessa quinta etapa, os praticantes irão alcançar a iluminação propriamente dita: o Caminho do Não-Mais-Aprender, ou Budeidade.

Como foi mencionado acima, o Mahamudra é a união de grande êxtase e vacuidade. Isso significa que o Mahamudra-Tantra é uma única mente que é tanto êxtase quanto sabedoria: ela experiencia grande êxtase e realiza diretamente a vacuidade. O Mahamudra-Tantra é uma coleção de mérito (a causa principal do Corpo-Forma de Buda) e uma coleção de sabedoria (a causa principal do Corpo-Verdade de Buda, ou Dharmakaya). Quando treinamos nas meditações do Mahamudra-Tantra, estamos transformando nosso corpo e mente residente-contínuos no Corpo-Forma e no Corpo-Verdade de Buda. Assim sendo, o Mahamudra-Tantra dá um significado inconcebível para a nossa vida.

GRANDE ÊXTASE

O êxtase explicado por Buda no Tantra do estágio de conclusão é, dentre todos os demais tipos de êxtase, inigualável, e, por essa razão, é denominado "grande êxtase".

Khedrub Sangye Yeshe

Em geral, existem muitos tipos diferentes de êxtase. Por exemplo, os seres comuns experienciam, às vezes, algum êxtase artificial quando se envolvem em atividade sexual, e meditadores qualificados experienciam o êxtase especial da maleabilidade durante meditação profunda devido a sua concentração pura, especialmente quando alcançam o tranquilo-permanecer e realizam a concentração da absorção da cessação. Além disso, quando praticantes de Dharma alcançam paz interior permanente por terem abandonado o agarramento ao em-si (abandono esse conseguido por meio dos treinos em disciplina moral superior, concentração superior e sabedoria superior), eles experienciam um profundo êxtase de paz interior dia e noite, vida após vida. Esses tipos de êxtase são mencionados nos ensinamentos de Sutra de Buda. O êxtase do estágio de conclusão, no entanto, é totalmente diferente de todos esses e é imensamente superior. O êxtase do estágio de conclusão – grande êxtase – é um êxtase que possui duas características especiais: (1) sua natureza é um êxtase que surge do derretimento das gotas dentro do canal central; e (2) sua função é superar aparências duais ou comuns. Nenhuma outra forma de êxtase possui essas duas características.

Um êxtase que possui essas duas características pode ser experienciado apenas por seres humanos que estão envolvidos com a prática do Tantra Ioga Supremo e pelos Budas. Até mesmo elevados Bodhisattvas, que residem em Terras Puras, não têm a oportunidade de experienciar esse êxtase porque, embora tenham muitas realizações elevadas, seus corpos carecem das condições físicas necessárias para gerar o êxtase que tem essas duas características. Quais são essas condições? São os três elementos que vêm da mãe (carne, pele e sangue) e os três elementos que vêm do pai (osso, tutano e esperma). Esses seis elementos são essenciais para realizar esse êxtase, que é o caminho rápido para a Budeidade. Pelo fato de os seres humanos possuírem essas condições, Buda explicou os ensinamentos tântricos para nós em primeiro lugar. Por isso, desse ponto de vista, somos mais afortunados do que elevados Bodhisattvas que residem em Terras Puras e que experienciam grandes prazeres. Diz-se que esses Bodhisattvas rezam para nascer no mundo humano a fim de conseguirem encontrar um Guia Espiritual Vajrayana qualificado e praticar o caminho rápido à iluminação. Na *Canção da Rainha da Primavera*, Je Tsongkhapa diz que, sem experienciar esse êxtase, não há possibilidade de se obter a libertação nesta vida. Não é preciso dizer, portanto, que sem esse êxtase não há possibilidade de se obter a plena iluminação nesta vida.

Se desenvolvermos e mantivermos esse êxtase por meio da prática da meditação do estágio de conclusão, poderemos transformar nosso apego em um método especial para concluir o caminho rápido à iluminação. Antes de alcançar esse êxtase, nosso apego nos faz renascer no samsara, mas, uma vez que tenhamos obtido esse êxtase, nosso apego fará com que nos libertemos do samsara. Além disso, quando alcançarmos esse êxtase, seremos capazes de interromper muito rapidamente nossos renascimentos *samsáricos*. A causa do samsara é a nossa mente de agarramento ao em-si. De acordo com os ensinamentos do Tantra Ioga Supremo, o agarramento ao em-si depende de seu vento montado, que flui pelos canais direito e esquerdo. No caso dos seres humanos, o agarramento ao em-si não pode se desenvolver sem esse vento. Ao obter o êxtase do estágio de conclusão, podemos reduzir gradualmente os ventos interiores dos canais direito e esquerdo até que, por fim, cessem por completo. Quando eles cessarem, nosso agarramento ao em-si cessará e experienciaremos a libertação do samsara.

A partir disso, podemos ver que, apenas pelo Sutra, não há libertação, tampouco plena iluminação. Os ensinamentos do Tantra Ioga Supremo são a intenção última de Buda, e os ensinamentos de Sutra são como o fundamento básico. Embora existam nos ensinamentos de Sutra muitas explicações sobre como obter a libertação, ou nirvana, se examinarmos precisamente será muito difícil entender como o nirvana pode ser alcançado a partir dos ensinamentos de Sutra. "Nirvana" significa "o estado além da dor" – a cessação permanente do agarramento ao em-si e de seu vento montado – e sua natureza é vacuidade. Se nunca tivermos ouvido ensinamentos tântricos e alguém nos perguntar como, precisamente, alcançamos o nirvana, não poderemos dar uma resposta perfeita. Como Je Tsongkhapa afirmou, a resposta definitiva somente pode ser encontrada nos ensinamentos tântricos.

O êxtase que surge do derretimento das gotas dentro dos canais que não o canal central não tem qualidades especiais. Quando os seres comuns se envolvem em relação sexual, por exemplo, isso faz com que o seu vento descendente de esvaziamento se mova para cima, e isso, por sua vez, faz com que o seu calor interior comum, ou tummo, aumente nos seus canais direito e esquerdo, principalmente no esquerdo. Como resultado, as gotas vermelhas da mulher e as gotas brancas do homem derretem e fluem pelo canal esquerdo. O fluir das gotas faz com que experienciem algum êxtase, mas de curta duração, e as gotas são rapidamente expelidas. Após terem tido essa breve experiência de êxtase, não lhes resta nenhum bom resultado, exceto, talvez, um bebê!

Ao contrário, quando um praticante tântrico qualificado pratica as meditações do estágio de conclusão explicadas anteriormente, ele (ou ela) faz com que os seus ventos interiores se reúnam, permaneçam e dissolvam dentro do canal central. Isso fará com que o vento descendente de esvaziamento, localizado logo abaixo do umbigo, se mova para cima. Normalmente, esse vento funciona para expelir as gotas, mas agora, porque ele está subindo pelo canal central, o calor interior localizado no umbigo aumenta dentro do canal central, fazendo com que as gotas derretam e fluam também dentro do canal central.

Para o praticante de uma Deidade masculina, a gota branca começa a fluir a partir da coroa e, quando alcança a garganta, o praticante experiencia um êxtase muito especial que possui as duas características, ou qualidades. Assim que a gota flui para o coração, o êxtase se torna mais forte e mais qualificado; assim que ela flui para o umbigo, o êxtase se torna ainda mais forte e mais qualificado; finalmente, assim que a gota flui para a ponta do órgão sexual, o praticante experiencia grande êxtase espontâneo – o grande êxtase do estágio de conclusão. Como o vento descendente de esvaziamento está em

Panchen Losang Chokyi Gyaltsen

sentido invertido, a gota não é expelida nesse ponto, mas flui novamente para cima pelo canal central, fazendo com que o praticante experiencie um êxtase ainda maior. Para um praticante como esse, as gotas nunca são expelidas, e, por essa razão, elas fluem para cima e para baixo no canal central por um longo período, fazendo surgir êxtase ininterrupto. O praticante pode fazer com que tal êxtase se manifeste a qualquer momento, simplesmente penetrando o canal central por meio de concentração.

Quanto mais forte esse êxtase, mais sutil a nossa mente irá se tornar. De modo gradual, nossa mente ficará mais serena, todas as distrações conceituais desaparecerão e experienciaremos uma maleabilidade muito especial. Essa mente é infinitamente superior à experiência do tranquilo-permanecer explicada nos ensinamentos de Sutra. Além disso, à medida que a nossa mente se torna mais sutil, nossa aparência dual é reduzida e, por fim, nossa mente se torna a mente muito sutil da clara-luz de êxtase. Essa é uma realização muito elevada. Quando a clara-luz de êxtase se concentra na vacuidade, ela se mistura muito facilmente com a vacuidade porque a aparência dual está muito reduzida. Por fim, a clara-luz de êxtase realiza de modo direto a vacuidade e, enquanto anteriormente ela sentia nosso êxtase e a vacuidade como se fossem duas coisas distintas, eles agora se tornam uma única natureza. Essa mente é a união de grande êxtase e vacuidade, a clara-luz-significativa.

O primeiro momento da realização da união de grande êxtase e vacuidade é o Caminho da Visão do Tantra Ioga Supremo. No entanto, ainda que seja apenas o Caminho da Visão, o primeiro momento dessa realização tem o poder de eliminar tanto as delusões intelectualmente formadas quanto as delusões inatas simultaneamente. No segundo momento, quando o praticante sai dessa concentração da união de grande êxtase e vacuidade, ele (ou ela) abandonou todas as delusões e conquistou a libertação. Ao mesmo tempo, ele (ou ela) alcançou o corpo-ilusório puro. A partir desse momento, o corpo do praticante é um corpo-vajra, e, por essa razão, ele não mais terá de experienciar envelhecimento, doenças ou morte.

Como foi mencionado anteriormente, quando o praticante era um ser comum, ele (ou ela) usava um corpo tomado dos outros – ou seja, de seus pais. Normalmente, dizemos "meu corpo, meu corpo", como se o nosso corpo denso pertencesse a nós; porém, nosso corpo denso não é nosso corpo verdadeiro, mas um corpo que tomamos de nossos pais. No entanto, quando um praticante tântrico obtém o corpo-vajra, isso significa que ele acabou de manifestar seu próprio e verdadeiro corpo, e, quando percebe esse corpo-vajra, ele pensa: *eu*. Um praticante como esse tornou-se, agora, uma pessoa imortal.

O nosso corpo muito sutil, a nossa fala muito sutil e a nossa mente muito sutil estão conosco desde tempos sem início. Eles são o corpo residente-contínuo, a fala residente-contínua e a mente residente-contínua e são a nossa natureza búdica propriamente dita. A natureza búdica explicada nos Sutras não é a verdadeira natureza búdica porque ela é um objeto denso que irá cessar; a verdadeira natureza búdica é explicada apenas no Tantra Ioga Supremo. Normalmente, para os seres comuns, os únicos momentos em que seu corpo, fala e mente muito sutis se manifestam são durante o sono profundo e a morte. No entanto, ainda que normalmente eles não estejam manifestos, o nosso corpo muito sutil é a semente do corpo de um Buda, a nossa fala muito sutil é a semente da fala de um Buda e a nossa mente muito sutil é a semente da mente de um Buda.

Como já foi mencionado, o corpo muito sutil é o vento muito sutil sobre o qual a mente muito sutil está montada. O corpo muito sutil e a mente muito sutil estão sempre juntos. Visto que são a mesma natureza e nunca estão separados, eles são denominados "o vento indestrutível" e "a mente indestrutível". A união do vento e da mente indestrutíveis está normalmente localizada no interior da gota indestrutível, dentro do canal central, na altura do coração.

Nossa mente muito sutil se manifesta apenas quando todos os nossos ventos interiores se dissolvem dentro do nosso canal central. Quando isso acontece, experienciamos, de modo gradual, os oito sinais descritos anteriormente, à medida que passamos pelos diferentes níveis de dissolução. Por fim, com o último nível de dissolução, a mente muito sutil de clara-luz se torna manifesta. Ao mesmo tempo, o corpo muito sutil também se torna manifesto.

Durante a morte, os ventos interiores se dissolvem de modo natural e completo dentro do canal central, e a mente muito sutil e o corpo muito sutil naturalmente se manifestam, mas não podemos reconhecê-los. No entanto, por praticar as meditações do estágio de conclusão explicadas anteriormente, podemos fazer com que a nossa mente muito sutil e o nosso corpo muito sutil se manifestem durante a meditação. Até obtermos a realização do corpo-ilusório, o nosso corpo muito sutil não possui cor ou formato definidos. Quando alcançarmos a união de êxtase e vacuidade, a nossa mente muito sutil irá se transformar na clara-luz-significativa e, quando sairmos da meditação, o nosso corpo muito sutil irá se transformar no corpo-vajra, ou corpo-ilusório puro, que possui formato e cor definidos e assim por diante.

Por exemplo, se formos um praticante de Heruka, sempre que fizermos autogeração como Heruka com um corpo azul, quatro faces, doze braços e assim por diante, estaremos construindo o fundamento básico para o corpo-ilusório. No futuro, quando nosso corpo muito sutil se transformar no corpo-ilusório, ele irá se parecer como Heruka real, propriamente dito. Antes, ele era meramente um corpo imaginado, mas, nesse momento, ele irá se tornar real. Esta é uma ótima razão para praticarmos agora o estágio de geração com muita sinceridade.

Quando obtivermos o corpo-ilusório puro, não mais consideraremos nosso corpo denso como sendo o nosso corpo. A base para imputar nosso *eu* terá mudado por completo e, agora, imputaremos *eu* na dependência de nosso corpo sutil. Quando tivermos alcançado essa aquisição, teremos nos tornado imortais porque nosso corpo e mente nunca irão se separar. A morte é a separação permanente do corpo e da mente, mas o corpo e mente daqueles que alcançaram o corpo-ilusório nunca se separam porque são indestrutíveis. Por fim, nosso corpo-ilusório puro irá se transformar no Corpo-Forma de

Drubchen Gendun Gyaltsen

Buda, e nossa união de êxtase e vacuidade irá se transformar no Corpo-Verdade de Buda; experienciaremos, então, a união do Corpo-Forma e do Corpo-Verdade de Buda – a União do Não-Mais-Aprender.

Em *Guia do Estilo de Vida do Bodhisattva*, na seção sobre os benefícios da bodhichitta, Shantideva diz:

> Assim como o elixir supremo que transmuta em ouro,
> A bodhichitta pode transformar este corpo impuro que assumimos
> Na joia inestimável da forma de um Buda;
> Portanto, mantenham firmemente a bodhichitta.

Aqui, "elixir" refere-se a uma substância especial que pode transformar ferro em ouro, semelhante à que foi utilizada por grandes mestres como Nagarjuna. Essa estrofe diz que a bodhichitta é um método especial que, como um elixir supremo, tem o poder de transformar nosso corpo impuro no Corpo-Forma de um Buda. Como podemos fazer isso? De acordo com o Sutra, um praticante não pode obter a iluminação em uma única vida, mas precisa praticar por muitas vidas até que, por fim, ele (ou ela) renasça com um corpo puro na Terra Pura de Akanishta. É somente com esse corpo puro que ele (ou ela) pode obter a Budeidade. Não há um método, no Sutra ou no Tantra, para transformar nosso corpo impuro atual no corpo de um Buda. Este corpo impuro definitivamente morrerá; ele terá de ser deixado para trás. Até mesmo o sagrado Buda Shakyamuni, ele próprio, deixou para trás seu corpo denso – o corpo que veio de seus pais – quando faleceu. Desse modo, se perguntarmos como a bodhichitta pode transformar este corpo impuro no corpo de um Buda, não encontraremos uma resposta correta nos ensinamentos de Sutra. O motivo é que, de acordo com os ensinamentos de Sutra, o corpo denso é o corpo verdadeiro; os Sutras nunca mencionam o corpo-vajra ou o corpo sutil.

Entretanto, seguindo a visão tântrica, podemos responder essa questão do seguinte modo. O corpo ao qual Shantideva se refere não é o corpo denso, mas o nosso corpo próprio e verdadeiro, nosso corpo residente-contínuo, que é o vento muito sutil sobre o qual nossa mente muito sutil está montada. No momento presente, esse é um corpo impuro porque ele está obscurecido pelas delusões e demais obstruções, do mesmo modo que o céu azul fica encoberto pelas nuvens. Essas impurezas não são a natureza do nosso corpo sutil, mas impurezas temporárias. O método para transformar esse corpo impuro no Corpo-Forma de um Buda não é a bodhichitta convencional, mas a bodhichitta última do Tantra Ioga Supremo – a união de grande êxtase e vacuidade. Essa bodhichitta última pode, inicialmente, transformar diretamente nosso corpo residente-contínuo impuro no corpo-ilusório puro, e, por fim, no Corpo-Forma de um Buda. Já que Shantideva, ele próprio, era um praticante tântrico sincero, podemos ter certeza absoluta de que este era o significado que pretendia transmitir.

Como foi mencionado anteriormente, para gerar o êxtase que possui as duas qualidades especiais, precisamos reunir e dissolver nossos ventos interiores dentro do nosso canal central. Existem duas maneiras de se fazer isso: penetrando nosso próprio corpo ou penetrando o corpo de outros.

Começamos penetrando nosso próprio corpo. Aqui, o termo "corpo" refere-se ao nosso corpo-vajra (nossos canais, gotas e ventos) e "penetrar" significa concentrar-se em nosso canal central, gotas e ventos, como já foi explicado. A meditação no canal central é denominada "o ioga do canal central", a meditação nas gotas é denominada "o ioga da gota" e a meditação nos ventos é denominada "o ioga do vento".

Penetrar o corpo de outros significa confiar, ou depender, de um mudra-ação (ou consorte), e envolver-se em relação sexual. No entanto, o simples fato de penetrar o corpo de outros não trará nossos ventos interiores para dentro do nosso canal central se já não tivermos adquirido experiência e familiaridade com o ioga do canal central, o ioga da gota e o ioga do vento. O momento certo para confiarmos em um mudra-ação será somente quando tivermos essa experiência. É muito importante realizar a prática nessa sequência.

Existem apenas dez portas pelas quais os ventos podem entrar no canal central. Elas estão localizadas ao longo do canal central, como segue:

1. A extremidade superior do canal central: o ponto entre as sobrancelhas;
2. A extremidade inferior: a ponta do órgão sexual;
3. O centro da roda-canal da coroa: localizado no ponto mais alto do crânio;
4. O centro da roda-canal da garganta: localizado próximo à parte de trás da garganta;
5. O centro da roda-canal do coração: localizado no meio do tórax, entre os dois mamilos;
6. O centro da roda-canal do umbigo;
7. O centro da roda-canal do lugar secreto: quatro dedos abaixo do umbigo;
8. O centro da roda-canal da joia: localizado no centro do órgão sexual, próximo a sua ponta;
9. A roda do vento: o centro da roda-canal da testa;
10. A roda do fogo: o centro da roda-canal localizada no meio entre as rodas-canais da garganta e do coração.

Assim como podemos entrar em uma casa por qualquer uma de suas portas exteriores, os ventos também podem entrar no canal central por qualquer uma dessas dez portas.

O canal central é, em realidade, um único canal, mas encontra-se dividido em diferentes seções: o canal central da roda-canal da coroa, o canal central da roda-canal da garganta, o canal central da roda-canal do coração, o canal central da roda-canal do umbigo, e assim por diante. Pelo fato de existirem essas diferentes localizações, quando um praticante deseja trazer seus ventos para dentro do canal central, ele (ou ela) precisa escolher um desses pontos no qual irá se concentrar.

No livro *Clara-Luz de Êxtase*, expliquei como trazer os ventos interiores para dentro do canal central pela sexta porta (o centro da roda-canal do umbigo) dentre as dez portas. Fazemos isso visualizando nosso calor interior sob o aspecto de um AH-curto, dentro do nosso canal central, na altura do umbigo, e meditando nesse AH-curto. Essa é a prática comum, feita de acordo com a tradição dos *Seis Iogas de Naropa*. Ela foi originalmente explicada no *Tantra-Raiz de Hevajra* por Buda Vajradhara e, desde então, tem sido utilizada por muitos praticantes da linhagem *Kagyu* (como Milarepa e seus discípulos) e, posteriormente, por praticantes da tradição de Je Tsongkhapa. No entanto, de acordo com as instruções da Linhagem Oral Ganden, existe a prática incomum do Mahamudra-Tantra. Essa é uma prática muito especial do Mahamudra, que Je Tsongkhapa recebeu diretamente de Manjushri, que a recebeu diretamente de Buda. A linhagem dessa prática foi, então, transmitida para Togden Jampel Gyatso, Baso Chokyi Gyaltsen, Mahasiddha Dharmavajra, e assim por diante. Uma lista completa dos Gurus-linhagem dessa instrução especial é dada nas sadhanas *Grande Libertação do Pai* e *Grande Libertação da Mãe*. Esses Guias Espirituais são os Gurus-linhagem próximos.

Nessa prática do Mahamudra-Tantra escolhemos, dentre as dez portas do canal central, a roda-canal do coração. Essa prática está indicada na sadhana *Oferenda ao Guia Espiritual* – essa sadhana é uma prática preliminar incomum do Mahamudra-Tantra de acordo com a tradição de Je Tsongkhapa. A sadhana diz:

Busco tuas bênçãos, Ó Protetor, para que ponhas teus pés
No centro do lótus de oito pétalas em meu coração,
Para que eu manifeste, nesta vida,
Os caminhos do corpo-ilusório, da clara-luz e da união.

Essas palavras revelam realmente que a penetração do canal central da roda-canal do coração, a gota indestrutível e o vento indestrutível – os três iogas explicados acima – são meditações sobre o corpo-isolado. Elas conduzem às meditações sobre a fala-isolada e a mente-isolada, que, por sua vez, nos levam às meditações do corpo-ilusório, da clara-luz-significativa e da união.

Penetrar e concentrar-se na gota indestrutível, no coração, é um poderoso método para alcançar as realizações do estágio de conclusão e, por essa razão, Buda Vajradhara louva esse método no *Tantra Ambhidana*, onde ele diz:

Aqueles que meditam na gota
Que sempre reside no coração,
Com concentração estritamente focada e sem mudar,
Definitivamente irão alcançar realizações.

Mahasiddha Ghantapa também nos incentivou a fazer essa meditação. Por essa razão, nossa prática incomum do Mahamudra- -Tantra começa com a meditação no canal central da roda-canal do coração.

A transmissão, os ensinamentos e a linhagem dessa instrução incomum não pertencem a nenhuma outra tradição. Podemos ver, a partir da lista de Gurus-linhagem, que eles foram seguidores de Je Tsongkhapa. Togden Jampel Gyatso, Mahasiddha Dharmavajra, Gyalwa Ensapa e seus muitos discípulos conquistaram, todos eles, alegremente e sem dificuldade alguma, o Mahamudra que é a União do Não-Mais-Aprender (ou Budeidade) em três anos. Eles ingressaram no caminho, progrediram ao longo dele e o concluíram em três anos.

Em tempos antigos, praticantes como Milarepa trabalharam arduamente antes de se empenharem em retiro. Milarepa vivenciou muitas dificuldades e, após entrar em retiro, permaneceu muito tempo em lugares isolados, mas ele era um praticante muito paciente e determinado, como um homem feito de ferro. Por essa razão, ele alcançou elevadas realizações; caso contrário, teria encontrado muita dificuldade. Por que Milarepa teve de praticar por tão longo tempo e de modo tão árduo quando praticantes posteriores, como Mahasiddha Dharmavajra e Gyalwa Ensapa, foram capazes de alcançar a plena iluminação tão rápido e facilmente? A única razão é que esses praticantes posteriores receberam as instruções especiais de Je Tsongkhapa, que são muito simples e muito abençoadas. Para eles, qualquer problema era facilmente solucionado e era muito simples fazer progressos e conquistar a Budeidade rapidamente.

Está dito que milhares de discípulos de Je Tsongkhapa alcançaram o corpo-vajra imortal (o corpo-ilusório puro) sem precisarem se envolver em grandes privações e sofrimentos como Milarepa. Todos eles praticaram muito alegre e suavemente devido às qualidades especiais dessas instruções.

PARTE DOIS
Como Treinar o Mahamudra

Drungpa Tsondru Gyaltsen

Guia Preliminar

NÃO HÁ VERDADEIRO sentido nesta vida humana comum. Muitas pessoas idosas ou que estão muito próximas de morrer compreendem como a vida humana é vazia e oca. Durante toda a nossa vida, tentamos arduamente acumular muitas coisas, como riquezas e posses, mas, por fim, sem escolha, tudo o que nos pertence passará para os outros; não podemos levar nada conosco para nossa próxima vida. O verdadeiro sentido da vida humana é encontrar e seguir o caminho correto à iluminação, e o caminho correto supremo à iluminação é o Tantra Ioga Supremo, em especial o Mahamudra-Tantra.

A efetividade de nossa meditação no Mahamudra-Tantra depende de acumularmos grande mérito e sabedoria, purificar negatividades e receber as bênçãos especiais do Buda da Sabedoria. Esses são os guias preliminares que irão tornar nossas meditações bem-sucedidas.

Em particular, praticantes sinceros coletam cem mil de cada um dos seguintes quatro grandes guias preliminares. Esses guias preliminares são: (1) buscar refúgio e gerar a bodhichitta, (2) uma maneira especial de confiar no Guia Espiritual, conhecida como "Guru-Ioga", (3) fazer oferendas de mandala, e (4) meditação e recitação de Vajrasattva.

Segue-se, agora, uma explicação sobre como praticar o guia preliminar à prática do Mahamudra em associação com a sadhana *Joia-Coração*, que pode ser encontrada no Apêndice VII.

BUSCAR REFÚGIO

Normalmente, buscamos refúgio em fontes exteriores. Quando a vida das pessoas é ameaçada, por exemplo, elas buscam refúgio na polícia. É claro que, algumas vezes, a polícia pode proteger as pessoas de um perigo específico, mas nenhuma força policial pode nos dar proteção permanente contra a morte. Do mesmo modo, quando estamos seriamente doentes, buscamos refúgio nos médicos. É claro que, algumas vezes, os médicos podem curar uma doença específica, mas nenhum médico pode nos dar a libertação permanente das doenças. Neste mundo impuro, não há verdadeira proteção contra o sofrimento.

Podemos conquistar libertação permanente da doença, morte e de todos os demais sofrimentos apenas se obtivermos realizações de Dharma, que vêm de recebermos bênçãos de Buda e a ajuda da *Sangha* – os praticantes espirituais puros. Portanto, somente as Três Joias Preciosas (Buda, Dharma e Sangha) são o refúgio propriamente dito, que protege permanentemente os seres vivos contra o sofrimento. Contemplando isso, tomamos a forte determinação de confiar sinceramente nas Três Joias Preciosas, com a seguinte prece de refúgio:

Eu e todos os seres sencientes, até alcançarmos a iluminação,
Nos refugiamos em Buda, Dharma e Sangha.

Devemos praticar refúgio todos os dias com forte fé; mas, como o grande guia preliminar para a nossa prática do Mahamudra, podemos coletar cem mil preces de refúgio, seja ao longo de nossa vida ou durante um retiro. Explicações detalhadas sobre a prática de refúgio podem ser encontradas nos livros *Novo Guia à Terra Dakini* e *Caminho Alegre da Boa Fortuna*.

GERAR A BODHICHITTA

"*Bodhi*" significa iluminação, e "*chitta*" significa mente. Bodhichitta é uma mente que deseja espontaneamente alcançar a iluminação (ou seja, a Budeidade) para o benefício de todos os seres vivos. Podemos gerar esse supremo bom coração com a seguinte prece:

Pelas virtudes que coleto, praticando o dar e as outras perfeições,
Que eu me torne um Buda para o benefício de todos.

Gerar o supremo bom coração da bodhichitta é essencial para uma prática eficiente do Mahamudra. Explicações detalhadas sobre a bodhichitta podem ser encontradas em *Contemplações Significativas* e *Transforme sua Vida*.

VISUALIZAÇÃO

As instruções sobre a prática incomum do Mahamudra-Tantra foram ensinadas pelo Buda da Sabedoria Manjushri na *Escritura Emanação Kadam*, e são chamadas de *as instruções da "Linhagem Oral Ganden"*. De acordo com essas instruções, podemos acumular grande mérito e sabedoria, purificar nossas negatividades e receber as bênçãos do Buda da Sabedoria por meio de confiar na assembleia de seres sagrados de Je Tsongkhapa, a manifestação do Buda da Sabedoria. Visualizamos esses seres sagrados como segue:

No espaço a minha frente, a sabedoria de todos os Budas aparece sob o aspecto de Je Tsongkhapa (que é, em natureza, meu Guia Espiritual) rodeado por milhares de seus discípulos Bodhisattvas que alcançaram o corpo-ilusório puro por praticarem as instruções da Linhagem Oral Ganden.

CONVITE

Do espaço do Dharmakaya, no coração de Buda Maitreya (ele é o Senhor dos deuses da Terra Alegre do Paraíso de Tushita) sua compaixão pelos seres vivos deste mundo se expande sob o aspecto de brancas nuvens ondulantes, que descem ao espaço a minha frente do mesmo modo que um novelo de lã se desenrola, com uma das pontas desse fio de nuvens permanecendo conectada ao coração de Maitreya. Ao mesmo tempo, Je Tsongkhapa e seus discípulos Bodhisattvas descem até o espaço a minha frente, dissolvem-se na assembleia visualizada de Je Tsongkhapa e seus discípulos Bodhisattvas, e tornam-se um todo inseparável.

Essa maneira de convidar Je Tsongkhapa e seus discípulos Bodhisattvas é muito especial, pois indica que, do espaço do Corpo-Verdade de Buda Maitreya, ou Dharmakaya, surgem nuvens de sua compaixão por todos os seres vivos deste mundo e, como resultado, uma chuva de ensinamentos de Dharma cai continuamente sobre todos os seres por meio de Je Tsongkhapa e suas emanações.

De acordo com a aparência comum, mil Budas irão aparecer neste mundo. Buda Shakyamuni é o quarto Buda, e Buda Maitreya será o quinto. Convidar Je Tsongkhapa e seus discípulos Bodhisattvas dessa maneira cria uma conexão especial com Buda Maitreya, de modo que possamos conhecê-lo diretamente, juntamente com sua doutrina, quando ele aparecer neste mundo.

Então, visualizamos:

No coração de Je Tsongkhapa está Buda Shakyamuni, e no coração de Buda Shakyamuni está o Buda vivo Heruka.

Isso indica que Je Tsongkhapa não é diferente de Buda Shakyamuni e de Heruka, mas um único ser: Lama Losang Buda Heruka (Guru Sumati Buda Heruka).

Tendo concluído a visualização e o convite, acreditamos agora que Lama Losang Buda Heruka está sempre presente diante de nós. Contemplamos, então, as preeminentes qualidades de Je Tsongkhapa: sua natureza é a síntese de todos os Budas do passado, do presente e do futuro, e Je Tsongkhapa atua concedendo-nos a sabedoria da clara-luz-exemplo e da clara-luz-significativa – essa é a função de Je Tsongkhapa. Desse modo, desenvolvemos e mantemos forte fé em Lama Losang Buda Heruka. Por fazer brilhar o sol de nossa fé sobre a montanha nevada de Lama Losang Buda Heruka, suas bênçãos irão fluir, semelhantes à agua, sobre nós, nutrindo e curando nosso continuum mental.

A PRÁTICA DOS SETE MEMBROS

Os sete membros são: (1) pedir aos Guias Espirituais que permaneçam por um longo tempo, (2) prostração, (3) oferendas, (4) purificação, (5) regozijo, (6) pedir aos seres sagrados que girem a Roda do Dharma, e (7) dedicatória. Neste contexto, o treino no Mahamudra-Tantra é como o corpo principal, e a prática dos sete membros é como os membros que sustentam o corpo principal. Assim como o nosso corpo é capaz de funcionar na dependência de seus membros, a efetividade do nosso treino no Mahamudra depende de nossa prática dos sete membros.

PEDIR AOS GUIAS ESPIRITUAIS QUE PERMANEÇAM POR UM LONGO TEMPO

Nessa prática, pensamos:

Se os professores espirituais emanados pelos seres sagrados permanecerem neste mundo por muitos éons, todos os seres vivos gradualmente terão a oportunidade de ouvir, compreender e praticar o Dharma. Desse modo, todos os seres vivos, sem exceção, por fim alcançarão a iluminação.

Fazemos, então, pedidos a Lama Losang Buda Heruka, solicitando que suas emanações que estão ensinando o Dharma permaneçam neste mundo até que o samsara termine, enquanto recitamos a seguinte estrofe:

Konchog Gyaltsen

*No espaço a minha frente, sobre um trono de leões, lótus e lua,
Os veneráveis Gurus sorriem com deleite.
Ó Supremo Campo de Mérito para a minha mente de fé,
Por favor, permanece por cem éons para difundir a doutrina.*

PROSTRAÇÃO

Fazer prostrações aos seres sagrados é um poderoso método para purificar carma negativo, doenças e obstáculos e para aumentar o nosso mérito, nossa felicidade e nossas realizações de Dharma. Temporariamente, as prostrações melhoram nossa saúde física e tornam a nossa mente feliz e, por fim, fazem com que alcancemos o Corpo-Forma de um Buda. Gerar fé nos seres sagrados é uma prostração mental, recitar preces a eles é uma prostração verbal, e demonstrar respeito por eles com o nosso corpo é uma prostração física. Podemos fazer prostrações físicas prostrando-nos respeitosamente com o nosso corpo por inteiro no chão; ou respeitosamente, tocando o chão com os joelhos, mãos e testa; ou respeitosamente, colocando as mãos juntas na altura do coração.

Para fazer poderosas prostrações aos seres sagrados, imaginamos que de cada poro do nosso corpo emanamos outro corpo, e que de cada poro desses corpos emanamos muito mais corpos, até que nossos corpos emanados preencham o mundo inteiro. Então, enquanto recitamos a seguinte estrofe, acreditamos fortemente que todos esses incontáveis corpos fazem prostrações a Lama Losang Buda Heruka e a todos os demais seres sagrados:

*Tua mente de sabedoria compreende a extensão integral dos
   objetos de conhecimento,
Tua eloquente fala é o ornamento-orelha dos afortunados,
Teu lindo corpo brilha com a glória do renome,
Prostro-me a ti, que és tão significativo de ver, ouvir
   e recordar.*

Devemos fazer essa prática de prostração todos os dias. Como um guia preliminar para a nossa prática do Mahamudra, podemos coletar cem mil prostrações, seja ao longo de nossa vida ou durante um retiro.

OFERENDAS

Do fundo de nosso coração, tomamos a seguinte determinação:

Para libertar permanentemente todos os seres vivos do
  sofrimento,
Faço excelentes oferendas ao supremo ser sagrado
Lama Losang Buda Heruka
E a todos os demais seres sagrados.

Sejam quantos forem as flores e os frutos que existam
E todos os diferentes tipos de remédio;
Todas as joias que existem no mundo
E todas as águas puras e refrescantes;

Montanhas de joias, bosques
E lugares silenciosos e alegres;
Árvores celestiais adornadas com flores
E árvores cujos galhos pendem com deliciosos frutos;

Fragrâncias que vêm dos reinos celestiais,
Incenso, árvores-que-concedem-desejos e árvores de joias;
Colheitas que dispensam cultivo
E todos os ornamentos dignos de serem oferecidos;

Lagos e lagoas adornados com lótus
E o lindo canto de gansos selvagens;
Tudo o que não tem dono
Em todos os mundos, tão extensos como o espaço –

*Reunindo-os em minha mente, respeitosamente eu os ofereço
A vós, os seres supremos, os Budas e Bodhisattvas.
Ó Compassivos, sagrados objetos de oferenda,
Pensai em mim com bondade e aceitai o que ofereço.*

*Eternamente, oferecerei todos os meus corpos
A vós – os Budas e Bodhisattvas.
Respeitosamente, irei me tornar vosso servo;
Por favor, aceitai-me, ó Heróis Supremos.*

Enquanto imaginamos que estamos fazendo todas essas oferendas, podemos recitar a seguinte estrofe:

*Agradáveis oferendas de água, diversas flores,
Incenso de doce aroma, luzes, água perfumada e assim
    por diante,
Uma vasta nuvem de oferendas, tanto as efetivas como
    as imaginadas,
Ofereço a ti, Ó Supremo Campo de Mérito.*

No budismo, uma oferenda é qualquer coisa que deleite os seres iluminados. Nossa principal oferenda é a nossa prática de compaixão, que dá aos seres sagrados o maior deleite. Por essa razão, nossa motivação ao fazer oferendas deve ser compaixão por todos os seres vivos – o nosso desejo sincero de libertar permanentemente todos os seres vivos do sofrimento.

Em resumo, devemos sempre considerar todas as nossas práticas diárias de Dharma como oferendas incomparáveis a Lama Losang Buda Heruka (a síntese de nosso Guia Espiritual, Je Tsongkhapa, Buda Shakyamuni e Heruka) e a todos os demais seres iluminados. Desse modo, podemos acumular incomensurável mérito, ou boa fortuna.

PURIFICAÇÃO

Purificação é o método supremo para impedir sofrimento futuro e para remover obstáculos à nossa prática de Dharma, especialmente à prática do Mahamudra-Tantra. Ela torna as nossas ações puras, de modo que nós próprios nos tornamos puros. Já que o nosso corpo não é o nosso self, limpar apenas o nosso corpo não é suficiente; precisamos limpar o nosso self por meio da prática de purificação.

O que precisamos purificar? Precisamos purificar nossas ações não virtuosas e ações inadequadas. Em nossas incontáveis vidas anteriores, executamos muitas ações que fizeram com que outros seres vivos experienciassem sofrimentos e problemas e, como resultado dessas ações não virtuosas, vivenciamos agora muitos sofrimentos e problemas de diversos tipos. Embora as ações, elas próprias, tenham cessado, os seus potenciais para fazerem surgir sofrimentos e problemas ainda permanecem em nossa consciência sutil e nela irão permanecer vida após vida, até que amadureçam. Portanto, existem infinitos potenciais negativos em nossa consciência raiz, que atuam impelindo-nos para caminhos errôneos e fazendo-nos experienciar sofrimento sem-fim. Esses potenciais são sérios obstáculos para a nossa prática de Dharma, em geral, e para a nossa prática do Mahamudra--Tantra, em particular.

Podemos compreender como os nossos potenciais não virtuosos são o principal obstáculo para a nossa prática de Dharma contemplando o seguinte:

Em nossas vidas anteriores, executamos ações que rejeitavam o sagrado Dharma e negavam o renascimento, o carma e a conquista da libertação e da iluminação. Como resultado disso, experienciamos agora: (1) dificuldades para desenvolver a intenção de praticar o Dharma, (2) dificuldades em acreditar nos ensinamentos de Dharma, como os ensinamentos sobre o carma, e (3) dificuldades em fazer progressos em nossa prática de Dharma.

A prática de purificação é muito simples. Tudo o que precisamos fazer é contemplar as grandes desvantagens das ações não virtuosas que temos executado desde tempos sem início. Então, com forte arrependimento, confessamos todas essas ações não virtuosas, assim como as transgressões dos nossos votos e compromissos, a Lama Losang Buda Heruka e a todos os demais seres sagrados, enquanto recitamos a seguinte estrofe:

Sejam quais forem as não-virtudes de corpo, fala e mente
Que tenho acumulado desde tempos sem início,
Especialmente as transgressões dos meus três votos,
Com grande remorso, confesso uma a uma do fundo de
meu coração.

Devemos repetir essa prática muitas vezes. Ao fim de cada sessão, tomamos a forte determinação de não executar nenhuma ação não virtuosa ou de não transgredir nenhum dos nossos votos e compromissos. Como o grande guia preliminar da nossa prática do Mahamudra-Tantra, podemos coletar cem mil recitações dessa estrofe, concentrando-nos fortemente em seu significado. Alternativamente, podemos coletar cem mil recitações do mantra de Vajrasattva.

REGOZIJO

Devemos aprender a nos regozijar com as ações virtuosas, felicidade, boas qualidades e a boa fortuna dos outros. Normalmente, fazemos o oposto e desenvolvemos inveja. Inveja é muito prejudicial para os indivíduos e para a sociedade. Em um instante, ela pode destruir a felicidade e a harmonia, tanto a nossa como a dos outros, e nos levar a brigar ou, até mesmo, ocasionar guerras. Na vida diária, podemos ver como as pessoas reagem com inveja a relacionamentos, negócios, posição social e opiniões e doutrinas religiosas, causando sofrimento para muitas pessoas. Os nossos problemas de inveja podem ser

Panchen Losang Yeshe

solucionados simplesmente aprendendo a nos regozijar com a felicidade e a bondade dos outros. Isso pode ser praticado mesmo enquanto estamos descansando, relaxando ou fazendo nossas atividades diárias.

Com muito pouco esforço, podemos acumular incomensurável boa fortuna simplesmente nos regozijando nos excelentes feitos dos Budas, como Je Tsongkhapa. Podemos fazer isso enquanto recitamos a seguinte estrofe com forte concentração em seu significado:

> Nesta era degenerada, te empenhaste em muito estudo
> e realização.
> Abandonando os oito interesses mundanos, tornaste
> significativos tuas liberdades e dotes.
> Ó Protetor, regozijo-me do fundo de meu coração,
> Na grande onda de teus feitos.

PEDIR AOS SERES SAGRADOS QUE GIREM A RODA DO DHARMA

Começamos essa prática pensando:

> Eu tenho a oportunidade de ouvir, compreender e praticar o sagrado Dharma e, portanto, a boa fortuna de ingressar, fazer progressos e de concluir o caminho à iluminação. Que maravilhoso seria se todos os seres vivos pudessem desfrutar da mesma boa fortuna!

Então, do fundo de nosso coração, pedimos repetidamente a Lama Losang Buda Heruka que emane incontáveis professores espirituais para ensinar o sagrado Dharma e guiar todos os seres vivos ao estado da felicidade última, a iluminação, enquanto recitamos a seguinte estrofe:

*Das ondulantes nuvens de sabedoria e de compaixão
No espaço do vosso Corpo-Verdade, Ó Veneráveis e
Sagrados Gurus,
Por favor, derramai uma chuva do Dharma vasto e profundo
Apropriado aos discípulos deste mundo.*

DEDICATÓRIA

Sempre que executarmos qualquer ação virtuosa, devemos dedicá-la para a conquista da iluminação e para o florescimento da doutrina de Buda, que beneficia todos os seres vivos. O grande mestre Atisha dizia:

Dediquem suas virtudes ao longo do dia e da noite, e sempre vigiem sua mente.

Se dedicarmos nossas ações virtuosas desse modo, suas potencialidades nunca serão destruídas pela raiva e por visões errôneas; ao contrário, seu poder aumentará. A prática da dedicatória faz com que nossas ações virtuosas se tornem efetivas. Podemos nos empenhar nessa prática enquanto recitamos a seguinte estrofe:

*Pelas virtudes que aqui acumulei,
Que a doutrina e todos os seres vivos recebam todo benefício.
Especialmente, que a essência da doutrina
Do Venerável Losang Dragpa brilhe para sempre.*

OFERENDA DO MANDALA

Outra oferenda especial é a oferenda do mandala. Neste contexto, a palavra "mandala" refere-se à totalidade do universo, que pode ser dividido em quatro regiões, ou continentes: os continentes a leste, ao sul, a oeste e ao norte. Para os seres iluminados, esse universo é uma Terra Pura porque suas mentes são completamente puras e eles não têm nenhuma experiência ou percepções impuras. Assim, com a intenção de libertar todos os seres vivos permanentemente de seus sofrimentos, oferecemos esse universo inteiro como uma Terra Pura a Lama Losang Buda Heruka e a todos os demais seres sagrados, enquanto recitamos as seguintes palavras:

*O chão espargido com perfume e salpicado de flores,
A Grande Montanha, quatro continentes, sol e lua,
Percebidos como Terra de Buda e assim oferecidos,
Que todos os seres desfrutem dessas Terras Puras.*

IDAM GURU RATNA MANDALAKAM NIRYATAYAMI

Devemos oferecer um mandala todos os dias, a qualquer momento. Como o grande guia preliminar para a nossa prática do Mahamudra, devemos coletar cem mil oferendas de mandala, seja ao longo de nossa vida ou durante um retiro. Explicações detalhadas podem ser encontradas nos livros *Novo Guia à Terra Dakini* e *Grande Tesouro de Mérito*.

PEDIR AQUISIÇÕES DAS ETAPAS DO CAMINHO

Tendo oferecido os sete membros e o mandala, fazemos agora, do fundo de nosso coração, pedidos aos seres sagrados que estão no espaço a nossa frente, para que nos concedam as aquisições das etapas do caminho à iluminação. Fazemos isso enquanto recitamos as seguintes preces, concentrando-nos fortemente em seu significado:

A prece *Migtsema*

*Tsongkhapa, ornamento-coroa dos eruditos da Terra das Neves,
Tu és Avalokiteshvara, o tesouro de inobservável compaixão,
Manjushri, a suprema sabedoria imaculada,
E Vajrapani, o destruidor das hostes de maras.
Ó Losang Dragpa, peço a ti, por favor, concede tuas bênçãos.*

(7x, 21x, 100x, etc.)

Prece das Etapas do Caminho

O caminho começa com firme confiança
No meu bondoso mestre, fonte de todo bem;
Ó, abençoa-me com essa compreensão
Para segui-lo com grande devoção.

Esta vida humana, com todas as suas liberdades,
Extremamente rara, com tanta significação;
Ó, abençoa-me com essa compreensão,
Dia e noite, para captar a sua essência.

Meu corpo, qual bolha-d'água,
Decai e morre tão rapidamente;
Após a morte, vêm os resultados do carma,
Qual sombra de um corpo.

Com esse firme conhecimento e lembrança,
Abençoa-me, para ser extremamente cauteloso,
Evitando sempre ações nocivas
E reunindo abundante virtude.

Os prazeres do samsara são enganosos,
Não trazem contentamento, apenas tormentos;
Abençoa-me, para ter o esforço sincero
Para obter o êxtase da liberdade perfeita.

Ó, abençoa-me, para que desse pensamento puro
Resulte contínua-lembrança e imensa cautela,
A fim de manter como minha prática essencial
A raiz da doutrina, o Pratimoksha.

Assim como eu, todas as minhas bondosas mães
Estão se afogando no oceano do samsara;
Para que logo eu possa libertá-las,
Abençoa-me, para treinar a bodhichitta.

Mas não posso tornar-me um Buda
Apenas com isso, sem as três éticas;
Assim, abençoa-me com a força de praticar
Os votos do Bodhisattva.

Por pacificar minhas distrações
E analisar perfeitos sentidos,
Abençoa-me, para logo alcançar a união
Da visão superior com o tranquilo-permanecer.

Quando me tornar um puro recipiente
Pelos caminhos comuns, abençoa-me, para ingressar
Na essência da prática da boa fortuna,
O supremo veículo, Vajrayana.

As duas conquistas dependem, ambas,
De meus sagrados votos e compromissos;
Abençoa-me, para entender isso claramente
E conservá-los à custa da minha vida.

Por sempre praticar em quatro sessões
A via explicada pelos santos mestres,
Ó, abençoa-me, para obter ambos os estágios
Que são a essência dos Tantras.

Que os que me guiam no bom caminho
E meus companheiros tenham longas vidas;
Abençoa-me, para pacificar inteiramente
Todos os obstáculos internos e externos.

Que eu sempre encontre perfeitos mestres
E deleite-me no sagrado Dharma,
Conquiste todos os solos e caminhos velozmente
E obtenha o estado de Vajradhara.

Losang Trinlay

Todas as preces acima, desde buscar refúgio até a *Prece das Etapas do Caminho*, podem ser praticadas em uma única sessão, juntamente com a prece *Joia-Coração*, que pode ser encontrada no Apêndice VII.

No contexto do grande guia preliminar de Guru-Ioga para nossa prática do Mahamudra, podemos coletar cem mil recitações do mantra nominal de Lama Losang Buda Heruka. A prática desse mantra é a verdadeira essência do Guru-Ioga, e devemos praticá-lo com forte fé e devoção. O mantra é:

OM GURU SUMATI BUDDHA HERUKA SARWA SIDDHI HUM

Quando recitamos "OM GURU SUMATI BUDDHA HERUKA" estamos convidando Lama Losang Buda Heruka, e quando recitamos "SARWA SIDDHI HUM" estamos pedindo a ele que conceda todas as aquisições das etapas do caminho – desde a realização de confiar em nosso Guia Espiritual até o estado de Vajradhara, a Budeidade.

De vez em quando, devemos também recitar a seguinte *Prece de Sete Versos de Pedidos a Heruka*, enquanto nos concentramos em seu significado:

Ó *Guru Heruka, síntese de todas as Três Joias,*
Por favor, concede tuas bênçãos sobre mim e sobre todos os
  seres vivos;
Por favor, liberta minha mente da atenção imprópria e das
  concepções equivocadas,
E transforma-a no caminho profundo que conduz à união da
  Terra Dakini exterior e interior;
Por favor, liberta-me de todos os obstáculos exteriores e interiores.
Eu não tenho outro refúgio além de ti;
Por essa razão, por favor, cuida de mim com tua grande
  compaixão.

RECEBER BÊNÇÃOS

Após fazermos esses pedidos, imaginamos que todos os demais seres sagrados ao redor de Je Tsongkhapa dissolvem-se nele. Depois, Je Tsongkhapa dissolve-se em Buda Shakyamuni, e Buda Shakyamuni dissolve-se em Heruka. Com deleite, Heruka vem até a coroa de nossa cabeça, onde ele diminui até ficar do tamanho de um polegar. Heruka, então, entra na coroa de nossa cabeça e alcança o centro da roda-canal da coroa, onde abençoa nosso canal central ao nível da coroa. Depois, Heruka desce pelo nosso canal central até alcançar o centro da nossa roda-canal da garganta, e abençoa nosso canal central ao nível da garganta. Novamente, Heruka desce pelo nosso canal central até alcançar o centro da nossa roda-canal do coração, e abençoa nosso canal central ao nível do coração, assim como nossa mente e vento indestrutíveis. Por fim, Heruka dissolve-se em nossa mente indestrutível, no coração. Acreditamos fortemente que nossa mente indestrutível recebe um poder especial que a transforma na união de grande êxtase e vacuidade. Meditamos nesse sentimento de modo estritamente focado, sem distrações.

Essa maneira especial de receber bênçãos é praticada em associação com as seguintes três estrofes:

Ó Glorioso e precioso Guru-raiz,
Por favor, senta-te no lótus e lua em meu coração.
Por favor, cuida de mim com tua grande bondade
E concede-me as bênçãos de teu corpo, fala e mente.

Ó Glorioso e precioso Guru-raiz,
Por favor, senta-te no lótus e lua em meu coração.
Por favor, cuida de mim com tua grande bondade
E confere-me as aquisições comuns e a suprema.

Ó Glorioso e precioso Guru-raiz,
Por favor, senta-te no lótus e lua em meu coração.
Por favor, cuida de mim com tua grande bondade
E permanece firme até que eu alcance a essência da iluminação.

Há duas maneiras de fazer o treino no Mahamudra: (1) treinar a meditação no canal central, na gota indestrutível e no vento e mente indestrutíveis, e (2) as seis etapas do treino no Mahamudra. Já expliquei como meditar no canal central, na gota indestrutível e no vento e mente indestrutíveis. Explicarei, agora, as seis etapas do treino no Mahamudra.

Drubwang Losang Namgyal

As Seis Etapas do Treino no Mahamudra

ESSA MANEIRA DE treinar o Mahamudra é muito especial. Seu propósito temporário é tornar nossa mente progressivamente mais sutil e, portanto, mais apaziguada, serena, e também reduzir nossas delusões, como a raiva e o apego, de modo que possamos solucionar muitos de nossos problemas diários. No entanto, o objetivo supremo desse treino é, por fim, realizar de modo direto nossa mente residente-contínua e, assim, conquistar a iluminação rapidamente. As seis etapas são:

1. Identificar nossa própria mente;
2. Realizar nossa mente de modo direto;
3. Identificar nossa mente sutil;
4. Realizar nossa mente sutil de modo direto;
5. Identificar nossa mente muito sutil;
6. Realizar nossa mente muito sutil de modo direto.

Nos Sutras e nas escrituras de Mahamudra, está dito:

> Se realizares tua própria mente, irás te tornar um Buda;
> Não precisas buscar a Budeidade em nenhum outro lugar.

De acordo com o Tantra Ioga Supremo, o significado dessas palavras é que, se realizarmos nossa mente residente-contínua de modo direto, iremos nos tornar um Buda; não precisamos buscar a Budeidade em nenhum outro lugar.

Suponha que uma pessoa deseje ver uma cidade específica e que, para isso, faça uma viagem de trem que passe por seis estações. Primeiramente, é importante que ela chegue à primeira estação; depois, ela precisa passar por uma a uma das demais estações até alcançar a sexta estação, onde ela será capaz de ver a cidade diretamente. De modo semelhante, queremos ver a cidade da iluminação por viajar no "trem" do treino no Mahamudra, que possui seis etapas. Primeiramente, é importante que alcancemos a primeira etapa (identificar nossa própria mente) e, depois, precisaremos passar pelas demais etapas até alcançarmos a sexta etapa (realizar nossa própria mente muito sutil de modo direto), a partir de onde poderemos ver a cidade da iluminação diretamente.

IDENTIFICAR NOSSA PRÓPRIA MENTE

Teremos identificado nossa própria mente quando compreendermos, de modo claro, sua localização, natureza e a maneira como atua (seu funcionamento ou função).

Em geral, parece que conhecemos nossa mente. Todos nós temos uma mente e sabemos qual o seu estado – se ela está feliz ou triste, clara ou confusa, positiva ou negativa, e assim por diante. No entanto, se alguém nos perguntar qual a natureza de nossa mente, como ela funciona e onde está localizada, provavelmente não seremos capazes de dar uma resposta precisa. Isso indica que não temos uma compreensão clara sobre a mente.

Porque não conhecemos nossa própria mente, nós a identificamos de modo incorreto. Se perguntada sobre "o que é a mente?", a maioria das pessoas provavelmente irá apontar para a cabeça e dizer que a mente é o cérebro, mas isso é incorreto. Nossa mente está localizada, principalmente, na região da nossa roda-canal do coração, ou chakra do coração. A natureza da mente é clareza. Isso significa que ela é vazia, semelhante a um espaço claro, e é um continuum sem características físicas, carecendo totalmente de formato e cor, e que possui o poder efetivo de perceber, compreender e relembrar objetos.

Não é fácil compreender precisamente o significado de "clareza" neste contexto. Colocado de modo simples, *clareza* significa algo que é claro o suficiente para perceber objetos. Por exemplo, embora um vidro claro e transparente, o céu limpo ou um espelho limpo sejam *claros*, eles não são claros o suficiente para perceber objetos. O vidro, o céu e o espelho não podem perceber objetos porque eles próprios são objetos inanimados, e, embora possamos ver reflexos em um espelho, o espelho ele próprio não pode perceber objetos. Embora digamos "eu percebo objetos", fazemos isso de modo exclusivo pelo poder da mente. Pessoa, ou self, não é *clareza* porque "pessoa" não é *clara* o suficiente para perceber, ou conhecer, objetos. Apenas a mente tem o poder de conhecer objetos; sem a mente, não somos capazes de perceber coisa alguma. Já que apenas a mente tem o poder de perceber objetos, apenas *clareza* pode ser mente e apenas mente pode ser *clareza*.

O erudito budista Dharmakirti, famoso por seu vigor lógico e de raciocínio, explicou e esclareceu em *Comentário à Cognição Válida* os mais difíceis aspectos dos ensinamentos de Buda. Na obra citada, Dharmakirti definiu a mente como "aquilo que é clareza e conhece". Essa definição é totalmente confiável e não enganosa. Neste contexto, *clareza* é, de modo necessário, a mente.

A mente atua percebendo ou conhecendo objetos, compreendendo ou imputando objetos – essa é a sua função. Quando dizemos que compreendemos algo, fazemos isso apenas porque nossa mente o compreendeu. Compreender é uma função que pertence apenas à mente.

Sem a nossa mente, não temos poder algum para fazer algo. Somos capazes de executar ações apenas pelo poder de nossa mente. Podemos dizer "eu criei isto" ou "eu construí isto" ou "eu pintei isto" e assim por diante, mas, sem a mente, não podemos fazer coisa alguma, tanto comum quanto espiritual. Nossa fala e todas as nossas ações físicas – assim como nosso estudo, contemplação e meditação – dependem de maneira total de nossa mente. Assim como um computador somente funciona se tiver eletricidade, sem a mente nosso corpo fica inutilizável, inerte. Sem eletricidade, um computador serve apenas para ser jogado fora; de modo semelhante, sem a mente, nosso corpo serve apenas para o cemitério.

A mente possui um número enorme de funções. Beleza e feiura, bondade e maldade, felicidade e sofrimento – tudo depende da mente. Tudo o que vemos, ouvimos, cheiramos, provamos ou tocamos com as nossas percepções sensoriais, ou tudo o que percebemos com nossa percepção mental, é criado pela mente. Como? Por imputação, ou designação. Um objeto existe apenas porque a mente imputou, ou designou, esse objeto.

Por exemplo, um carro é meramente imputado, ou designado, pela mente. Antes da imputação "carro", não há carro. Talvez exista um conjunto de coisas que seja uma base adequada à qual se imputa carro, mas cada uma dessas coisas não é o carro, e o conjunto ele próprio não é o carro. É somente pelo processo de imputação que "carro" surge; a mente imputa *carro* ao pensar "isto é um carro" e, depois, verbalmente nomeamos, ou atribuímos, o nome "carro". Isso é verdadeiro para tudo. O mundo, prazeres, casas, corpos, a fala e nós mesmos – tudo surge apenas por ser imputado pela mente.

Para compreender esse ponto, podemos tomar o exemplo de um comitê escolhendo um presidente para representá-lo. Antes da eleição, alguém é apenas um membro comum do comitê; porém, após ser eleito, as pessoas passarão a chamá-lo de *presidente*. "Presidente" é imputado, ou criado, pela mente. Primeiro, a mente pensa "ele é o presidente" e, depois, as pessoas verbalizam, dizendo "ele é o presidente". Desse modo, "presidente" começa a existir, ou é criado, por meio de um processo de imputação mental. "Sangha ordenada", por exemplo, são monges ou monjas por meio de imputação, e nós existimos como João ou como Maria por meio de imputação, e assim por diante.

Isso é verdadeiro para tudo: o universo inteiro existe por meio de imputação. Não há um único fenômeno que não seja imputado pela mente; tudo depende de ser imputado pela mente para que exista. Se pensarmos de maneira profunda sobre isso, poderemos compreender que tanto o samsara quanto a libertação (ou nirvana) são criados pela mente, e compreenderemos também que podemos abandonar o samsara e alcançar a libertação e a iluminação apenas mudando nossa mente. A mente é, portanto, o criador de todas as coisas, incluindo o mundo por inteiro. Em *Guia ao Caminho do Meio*, o erudito budista Chandrakirti afirma que Buda rejeitou qualquer outro criador que não seja a mente; Chandrakirti apresentou muitas razões válidas, fundamentadas nos ensinamentos de Buda, para provar que apenas a mente é o criador de todas as coisas. A título de exemplo, podemos observar a simples atividade de fazer algo, como uma mesa. A ideia original de fazer algo surge em nossa mente, e saber como fazer também surge da nossa mente. Então, fazemos o desenho, o planejamento, e gradualmente construímos materialmente o objeto – cada etapa disso depende da nossa mente. A mente é o criador, e o corpo é como uma máquina que a mente utiliza para criar e produzir coisas. Se a nossa mente não souber como fazer algo, nunca seremos capazes de fazê-lo. Tudo o que fazemos depende de conhecimento e compreensão, que são funções exclusivas da mente.

Compreender que tudo é criado pela mente nos ajuda a compreender o poder da mente. Todo ser vivo está sob o controle da mente. Vida após vida, desde tempos sem início, temos estado sob o controle da mente; o que quer que a nossa mente deseje fazer, nós o fazemos sem escolha alguma, como um servo. Se a nossa mente ordenar que nos matemos, iremos nos matar; se a nossa mente disser "mate seus pais" ou "mate seus filhos", seremos forçados a fazer isso sem escolha alguma. Criamos todas as nossas más ações passadas porque estávamos sob o controle de nossa mente e, a menos que conquistemos a realização direta da vacuidade nesta vida, permaneceremos sob o controle da mente, sem liberdade alguma, por incontáveis vidas futuras.

Não há nada mais poderoso que a mente. Quando nossa mente está sob o controle das delusões, ou aflições mentais, ela pode nos arremessar instantaneamente nas fogueiras do mais profundo inferno. Pela bondade dos ensinamentos de Buda (o Dharma),

Kachen Yeshe Gyaltsen

temos agora a oportunidade de compreender e reconhecer o inimigo (as nossas delusões), enfraquecê-lo e, por fim, eliminá-lo. O Dharma é o único método por meio do qual podemos controlar nossa mente de modo pleno. Se, pela prática de Dharma, falharmos em controlar nossa mente deludida, teremos de permanecer sob seu controle e continuar a vivenciar imenso sofrimento. Isto conclui a introdução geral à mente.

Para identificar nossa própria mente – a primeira etapa das seis etapas do treino no Mahamudra – focamo-nos agora, principalmente, em quatro passos: procurar, encontrar, manter e permanecer.

O primeiro passo é *procurar* nossa mente – o objeto de nossa meditação – por meio de contemplar sua localização, natureza, a maneira como atua (ou funciona) e seu poder, como explicado anteriormente. Devemos memorizar a essência dessas instruções sobre a mente e contemplar seu significado muitas e muitas vezes. Desse modo, tentamos perceber um "esboço" mental ou imagem genérica da nossa mente. No início, esse esboço ou imagem genérica irão parecer distantes e confusos; não obstante, devemos sentir, com certeza absoluta, que estamos focados em nossa mente. À medida que nossa prática progredir de modo gradual, essa imagem genérica irá ficar cada vez mais clara, inteligível e menos distante.

Quando percebermos, de modo claro, uma imagem genérica preliminar de nossa mente, teremos encontrado nossa mente. Isso conclui o segundo passo – *encontrar* o objeto de meditação.

Depois, treinamos em manter esse objeto em meditação sem nos esquecermos dele. Por praticarmos continuamente desse modo, quando formos capazes de manter nossa mente sem nos esquecermos dela por cerca de um minuto, teremos concluído o terceiro passo – *manter*.

Por praticarmos continuamente os passos de *procurar*, *encontrar* e *manter*, tentamos permanecer estritamente focados em nossa mente, sem nos esquecermos dela, primeiramente por um minuto; depois, por dois minutos e, então, por cinco minutos. Quando formos capazes de fazer isso, estritamente focados durante cinco minutos, teremos alcançado o quarto passo – *permanecer*. Nesse ponto, teremos concluído a etapa de identificar nossa própria mente – a primeira etapa do treino no Mahamudra.

Nesse contexto, *nossa própria mente* significa nossa mente raiz, ou nossa consciência mental raiz, localizada principalmente em nosso coração. Portanto, identificar nossa própria mente significa identificar nossa mente raiz. Como foi explicado no livro *Como Entender a Mente*, existem muitos tipos diferentes de mente (como os 51 fatores mentais, por exemplo), mas todos esses tipos são apenas partes ou ramificações da mente – eles são temporários e instáveis. Eles se manifestam por poucos minutos e, depois, cessam; mais tarde, manifestam-se outra vez por poucos minutos e, depois, cessam novamente. A mente raiz pode ser comparada a um oceano, do qual todos os diferentes tipos de mente, assim como todas as aparências, surgem como ondas.

REALIZAR NOSSA MENTE DE MODO DIRETO

Quando alcançarmos a concentração do tranquilo-permanecer que observa nossa mente, teremos realizado nossa própria mente de modo direto porque essa concentração é extremamente clara e livre de pensamentos conceituais.

O tranquilo-permanecer que observa nossa mente é uma concentração muito profunda. Essa concentração é obtida ao concluírmos nove níveis de concentração, denominados "as nove permanências mentais", que observam nossa mente. A primeira e a segunda permanências mentais são denominadas "posicionamento da mente" e "contínuo-posicionamento". Obtemos essas duas primeiras permanências mentais na primeira etapa – identificar nossa mente – quando concluímos os passos de manter o objeto por cerca de um minuto e, então, permanecer nele por cerca de cinco minutos. Agora, precisamos progredir da segunda para a terceira permanência mental e assim por diante, até alcançarmos a nona permanência mental, a partir da qual seremos capazes de obter o tranquilo-permanecer propriamente dito, que observa nossa mente.

Progredimos da segunda para a terceira permanência mental repetindo a prática de procurar, encontrar, manter e permanecer, exatamente como descrita na primeira etapa do treino no Mahamudra. Por continuamente treinar esses quatro passos, a duração do passo *permanecer* irá progressivamente aumentar de cinco minutos para dez minutos; depois, para vinte minutos, uma hora – e por mais tempo. Durante essa etapa, se perdermos o objeto de meditação – a aparência clara de nossa própria mente – precisaremos recuperá-lo repetindo a prática de procurar, encontrar, manter e permanecer.

Gradualmente, por treinar desse modo, seremos capazes de recuperar imediatamente o objeto de nossa meditação sempre que o perdermos – faremos isso por relembrarmos, imediatamente, a natureza e a função de nossa mente, sem a necessidade de repetirmos os passos de procurar, encontrar e assim por diante. Nessa etapa, progrediremos da segunda para a terceira permanência mental, e nossa concentração da segunda permanência mental (contínuo-posicionamento) irá se transformar na concentração da terceira permanência mental, denominada "reposicionamento".

Como progredimos da terceira para a quarta permanência mental? Continuamos a meditar na concentração da terceira permanência mental até obtermos a habilidade de manter concentração pura durante toda a sessão de meditação, sem nunca perder nosso objeto de meditação – a aparência clara de nossa própria mente. Nessa etapa, progrediremos da terceira para a quarta permanência mental, e nossa concentração da terceira permanência mental irá se transformar na concentração da quarta permanência mental, denominada "estreito-posicionamento".

Como foi mencionado acima, realizaremos nossa própria mente de modo direto quando alcançarmos a concentração do tranquilo-permanecer que observa nossa mente. No entanto, pelo poder da concentração do estreito-posicionamento, já seremos capazes de controlar nossas distrações e delusões, ou aflições mentais. Por essa razão, na quarta permanência mental, nossa compreensão de nossa própria mente será muito clara, e o poder da nossa contínua-lembrança e vigilância será muito forte. Assim, mesmo que apenas alcancemos a concentração da quarta permanência mental, poderemos agora nos empenhar na terceira etapa do treino no Mahamudra: identificar nossa própria mente sutil.

Explicações detalhadas sobre como obter o tranquilo-permanecer podem ser encontradas nos livros *Caminho Alegre da Boa Fortuna* e *Contemplações Significativas*.

IDENTIFICAR NOSSA MENTE SUTIL

Em geral, todas as nossas mentes de vigília (isto é, quando estamos acordados) são mentes densas porque estão montadas sobre ventos densos, que fluem pelos nossos canais esquerdo e direito. As mentes sutis e a mente muito sutil normalmente manifestam-se apenas durante o sono profundo ou durante o processo da morte. Elas estão montadas sobre os ventos interiores sutis e muito sutil, que fluem pelo nosso canal central. Os seres comuns não conseguem identificar suas mentes sutis e muito sutil porque a memória deles é incapaz de funcionar durante o sono ou durante a morte. Somente os praticantes do Tantra Ioga Supremo podem, pelo poder de sua meditação, identificar suas mentes sutil e muito sutil durante o estado de vigília, durante o sono ou durante o processo da morte.

A meditação no canal central, na gota indestrutível e no vento e mente indestrutíveis é o método para manifestar e realizar de modo direto nossas mentes sutil e muito sutil durante o estado de vigília. Embora as três primeiras etapas do treino em seis etapas no Mahamudra sejam também praticadas com a mente acordada, elas são preparações para sermos bem-sucedidos nas próximas três etapas do treino no Mahamudra. Assim, o treino em seis etapas é o método para manifestar e realizar de modo direto nossas mentes sutil e muito sutil durante o sono.

Na terceira etapa – identificar nossa própria mente sutil – precisamos meditar em nossa mente sutil. A natureza de nossa mente sutil é a cessação de todas as mentes densas, e a mente sutil atua percebendo um vazio semelhante ao espaço – essa é a função da mente sutil. Já que é impossível para a mente sutil manifestar-se sem que as mentes densas tenham primeiro cessado, meditamos, portanto, em nossa própria mente sutil como segue.

Primeiramente, paramos de prestar atenção em qualquer objeto; devemos não pensar em absolutamente nada, permanecendo como uma pedra ou um pedaço de madeira, sem experienciar ou perceber coisa alguma. Permanecemos nesse estado por poucos minutos e, depois, imaginamos que todas as nossas mentes densas dissolvem-se em nossa mente sutil, como bolhas de água desaparecendo na própria água da qual surgiram. Depois, tentamos perceber nossa mente sutil por contemplarmos o seguinte:

Sua natureza é a cessação de todas as mentes densas, e sua função é perceber um vazio semelhante ao espaço.

Esse é o passo de *procurar*. Quando, por contemplar dessa maneira, percebermos de modo claro a imagem genérica da nossa mente sutil, teremos encontrado o objeto de nossa meditação: a aparência clara da nossa mente sutil. Esse é o passo de *encontrar*. Tendo encontrado nosso objeto de meditação, precisamos, então, treinar em mantê-lo sem nos esquecermos dele, até que possamos fazê-lo por cerca de um minuto. Esse é o passo de *manter*. Quando, por repetirmos continuamente os passos de procurar, encontrar e manter, nossa concentração for estável para permanecer em seu objeto por cinco minutos – a aparência clara de nossa mente sutil – teremos alcançado o quarto passo, *permanecer*. Nesse ponto, teremos concluído a terceira etapa: identificar nossa própria mente sutil.

REALIZAR NOSSA MENTE SUTIL DE MODO DIRETO

Em geral, três coisas acontecem durante o sono profundo: (1) nossos ventos interiores naturalmente se reúnem e se dissolvem no canal central, (2) todas as nossas mentes densas se dissolvem, e (3) nossas mentes sutil e muito sutil manifestam-se. Para os

Phurchog Ngawang Jampa

seres comuns, a duração dessas três características é muito breve porque eles rapidamente passam do estado de sonho para o estado acordado, ou vigília. No entanto, quando alcançamos as três primeiras etapas do treino no Mahamudra em seis etapas, somos capazes de controlar nossas distrações, nossa contínua-lembrança e vigilância são muito poderosas e temos grande familiaridade com a meditação em nossa própria mente sutil, ao mesmo tempo que experienciamos a cessação das mentes densas. Devido a isso, mesmo durante o sono profundo, poderemos manter contínua-lembrança de nossa própria mente sutil e impedir que surjam distrações vindas tanto de nossos sonhos quanto das mentes do estado de vigília, de modo que a duração do nosso sono profundo será bastante longa.

Durante o sono profundo, poderemos meditar em nossa própria mente sutil e, quando nossos ventos interiores naturalmente se reunirem e se dissolverem dentro do nosso canal central, poderemos reconhecer os sinais de dissolução. Quando, por treinar desse modo, obtivermos uma realização clara e profunda de nossas mentes sutis do sono – as mentes sutis da aparência branca, vermelho crescente e quase-conquista negra – teremos concluído a quarta etapa do treino no Mahamudra: realizar de modo direto nossa própria mente sutil.

IDENTIFICAR NOSSA MENTE MUITO SUTIL

Tendo concluído a quarta etapa do treino no Mahamudra, continuamos a meditar em nossa própria mente sutil durante o sono profundo longo e, quando nossos ventos interiores naturalmente se reunirem e se dissolverem dentro do nosso canal central, seremos capazes de reconhecer os sinais de dissolução, desde a aparência miragem até a clara-luz. A mente de clara-luz é a nossa mente muito sutil.

Quando nossa mente muito sutil de clara-luz do sono se manifesta, devemos compreender que: sua natureza é um êxtase surgido do derretimento das gotas dentro do nosso canal central, ela atua (ou funciona) percebendo um vazio semelhante ao espaço, e sua localização é bem no centro de nossa roda-canal do coração. Por realizar nossa mente muito sutil desse modo, quando a aparência clara de nossa mente muito sutil do sono se tornar estável, alcançaremos a quinta etapa do treino no Mahamudra: identificar nossa própria mente muito sutil.

REALIZAR NOSSA MENTE MUITO SUTIL DE MODO DIRETO

Tendo concluído a quinta etapa do treino no Mahamudra, sempre que dormirmos devemos praticar duas coisas: (1) impedir que os sonhos ocorram e impedir que acordemos, por força de nossa contínua-lembrança e vigilância sutis, de modo que nosso sono seja profundo e de longa duração, e (2) sempre que nossa mente de clara-luz do sono, cuja natureza é êxtase, se manifestar, devemos meditar na vacuidade de todos os fenômenos. Precisamos repetir essa prática muitas e muitas vezes.

Quando, por fazer continuamente essa meditação, nossa mente de clara-luz de êxtase realizar diretamente a vacuidade, teremos concluído a sexta etapa do treino no Mahamudra: realizar nossa própria mente muito sutil de modo direto. Ao mesmo tempo, nossa mente de clara-luz de êxtase irá se transformar na união de grande êxtase e vacuidade, o Mahamudra propriamente dito. Subsequentemente, alcançaremos a união do corpo-ilusório puro e da clara-luz-significativa, da qual poderemos ver a cidade da iluminação – o mundo iluminado.

Do ponto de vista de realizarmos essas aquisições utilizando o sono, nosso sono tem muito significado! Essas instruções sobre as seis etapas do treino no Mahamudra são instruções muito abençoadas. Por colocarem sinceramente essas instruções em prática, muitos discípulos de Je Tsongkhapa, incluindo a Sangha ordenada, conquistaram a plena iluminação muito rapidamente – em três anos e três meses.

PARTE TRÊS

O que é a Vacuidade?

Panchen Palden Yeshe

O que é a Vacuidade?

COMO FOI MENCIONADO anteriormente, o Mahamudra-Tantra é definido como uma mente de clara-luz plenamente qualificada que experiencia grande êxtase e realiza diretamente a vacuidade. O que é a vacuidade? A vacuidade não é um nada (ou inexistência); a vacuidade é a verdadeira natureza dos fenômenos. Já que ela é um assunto muito profundo, precisamos ler cuidadosamente a explicação a seguir, com um mente positiva e pensar com profundidade sobre ela. No início, a vacuidade pode parecer um assunto muito técnico, mas, por favor, seja paciente e não desperdice essa preciosa oportunidade para compreender um assunto tão significativo como este. Até que abandonemos nossa ignorância do agarramento ao em-si, não teremos felicidade verdadeira porque o agarramento ao em-si destrói nossa paz interior, ou paz mental. O único método direto para eliminar essa ignorância é a realização da vacuidade.

Verdade última, *vacuidade* e *natureza última* dos fenômenos são sinônimos. Devemos saber que todos os nossos problemas surgem porque não compreendemos e não realizamos a verdade última. A razão pela qual permanecemos na prisão do samsara é que, devido as nossas delusões, continuamos a nos envolver em ações contaminadas. Todas as nossas delusões são ramificações da ignorância do agarramento ao em-si. A ignorância do agarramento ao em-si é a fonte de toda a nossa negatividade e problemas, e a única maneira de erradicarmos essa ignorância é realizando a vacuidade. A vacuidade não é fácil de compreender, mas é extremamente importante que façamos esse esforço. Por fim, nossos esforços serão recompensados com a cessação permanente de todo sofrimento e com o êxtase duradouro da plena iluminação.

O PROPÓSITO DE MEDITAR NA VACUIDADE

O propósito de compreender e meditar sobre a vacuidade é libertar nossa mente das concepções errôneas e aparências equivocadas, de modo que nos tornemos um ser totalmente puro, ou iluminado. Neste contexto, "concepção errônea" refere-se à mente da ignorância do agarramento ao em-si – a mente conceitual que se aferra a objetos verdadeiramente existentes; e "aparência equivocada" refere-se à aparência de objetos verdadeiramente existentes. *Concepções errôneas* são obstruções à libertação, e *aparências equivocadas* são obstruções à onisciência. Apenas os Budas abandonaram ambas as obstruções.

Primeiramente, devemos reconhecer, ou identificar, nosso agarramento ao em-si, que permanece sempre em nosso coração, destruindo nossa paz interior. Sua natureza é uma percepção errônea que acredita, equivocadamente, que nós e os outros somos verdadeiramente existentes, ou inerentemente existentes. Isso é uma mente ignorante porque, em verdade, as coisas não existem inerentemente – elas existem como meras imputações. Porque a mente tola do agarramento ao em-si acredita ou aferra-se a *eu*, *meu* e a todos os demais fenômenos como inerentemente existentes, desenvolvemos apego pelas coisas de que gostamos e ódio pelas de que não gostamos. Com base nisso, executamos diversas ações que prejudicam os seres vivos e, como resultado, experienciamos diversos sofrimentos e problemas por toda a nossa vida e vida após vida; essa é a razão fundamental pela qual vivenciamos tantos problemas. Devido ao nosso senso de um *eu* e *meu* verdadeiramente existentes ser tão intenso, nosso agarramento ao em-si também atua como base de todos os nossos problemas diários.

O agarramento ao em-si pode ser comparado a uma árvore venenosa, as demais delusões como os seus galhos, e todos os nossos sofrimentos como os seus frutos; ele é a fonte fundamental de todas as demais delusões e de todos os nossos sofrimentos e problemas. Compreendendo isso, devemos aplicar grande esforço para identificar, reduzir e, por fim, abandonar essa ignorância por completo.

Não é fácil identificar nossa ignorância do agarramento ao em-si porque ela é muito sutil. Por um lado, sabemos que nosso agarramento ao em-si (nosso senso de *eu* e *meu*) é muito forte; mas, por outro lado, se tentarmos identificar nosso agarramento ao em-si, ele se torna muito sutil! É muito raro encontrar alguém que identifique inequivocamente seu próprio agarramento ao em-si. O motivo é que, em geral, não compreendemos a verdadeira natureza de *pessoas* e de *fenômenos* – isto é, sua vacuidade.

Sem identificar nossa delusão da ignorância do agarramento ao em-si, não podemos reduzir seu poder e, por essa razão, não temos habilidade para controlar nossas delusões. Se não tivermos habilidade para controlar nossas delusões, então não teremos um método para solucionar nossos problemas humanos. Podemos pensar que a tecnologia moderna é o método para solucionar nossos problemas humanos, mas se isso for verdade, quanto mais aperfeiçoarmos a tecnologia menos problemas os seres humanos irão vivenciar. No entanto, sabemos que isso não é verdade – a tecnologia, ela própria, faz com que muitos problemas novos surjam.

Existem dois tipos de agarramento ao em-si: agarramento ao em-si de *pessoas* e agarramento ao em-si de *fenômenos*. O agarramento ao em-si de pessoas aferra-se ao nosso próprio *eu* (ou self) ou ao *eu* dos outros como sendo verdadeiramente existentes. O agarramento ao em-si de fenômenos aferra-se a qualquer outro fenômeno (que não o nosso próprio self ou o self dos outros) como sendo verdadeiramente existente. A mente que se agarra (ou se aferra) ao nosso corpo, nossa mente, nossas posses e ao nosso mundo como verdadeiramente existentes é exemplo do agarramento ao em-si de fenômenos.

O ponto principal sobre a meditação na vacuidade é reduzir e, por fim, eliminar os dois tipos de agarramento ao em-si. O agarramento ao em-si é a fonte de todos os nossos problemas; a extensão do nosso sofrimento é diretamente proporcional à intensidade do nosso agarramento ao em-si. Por exemplo, quando nosso agarramento ao em-si está muito forte, sentimos uma dor mental aguda quando os outros, simplesmente, "caçoam" de nós de maneira amigável, ao passo que, em outros momentos, quando nosso agarramento ao em-si está fraco, apenas achamos engraçado quando fazem isso. Quando destruirmos por completo nosso agarramento ao em-si, todos os nossos problemas irão desaparecer naturalmente. Mesmo que temporariamente, meditar na vacuidade é muito útil para superar ansiedade e preocupações.

Se, durante a sessão de meditação, tivermos uma clara compreensão e firme realização de que todos os fenômenos carecem de existência inerente, isso irá influenciar de modo intenso nossa mente durante o intervalo entre meditações. Mesmo que as coisas que vemos ou percebemos ao nosso redor apareçam como existindo inerentemente, iremos imediatamente relembrar, a partir de nossa própria experiência durante a meditação, que elas não existem desse modo. Devemos ser como um mágico que, imediatamente, compreende e realiza que suas criações mágicas são apenas ilusões.

Para verificar se nossa meditação na vacuidade está funcionando, podemos observar se nosso agarramento ao em-si está enfraquecendo ou não. Se após estudar, contemplar e meditar por vários meses (ou até mesmo anos) nosso agarramento ao em-si estiver tão forte quanto anteriormente, podemos nos assegurar de que há uma falha em nossa compreensão ou em nossa meditação. Temos vivenciado o agarramento ao em-si desde tempos sem início, e não podemos esperar eliminá-lo da noite para o dia; mas, se meditarmos na vacuidade com regularidade, deveremos notar uma redução gradual de sua força. Se, por contemplar a vacuidade, formos capazes de subjugar nossas delusões – por exemplo, superar nossa raiva por refletir que o objeto de nossa raiva não existe do seu próprio lado, ou reduzir a intensidade de nosso apego por compreender e realizar que o objeto de nosso apego não é inerentemente desejável – isso será a prova de que nossa compreensão sobre a vacuidade está correta.

A extensão de quanto somos capazes de solucionar nossos problemas interiores por meio de meditar na verdadeira natureza das coisas depende de dois fatores: a exatidão de nossa compreensão e nossa familiaridade com esse conhecimento. Por essa razão, precisamos, primeiramente, estudar a vacuidade com o objetivo de obter uma compreensão intelectual e, depois, precisamos meditar nessa compreensão muitas e muitas vezes, a fim de aprofundar nossa familiaridade.

Quando nosso corpo está doente, tentamos imediatamente encontrar uma cura, mas não existem hospitais ou remédios que possam curar a doença mental de nossas delusões. Consideramos uma doença – como o câncer, por exemplo – como sendo algo terrível, mas, em verdade, o câncer não é tão prejudicial. O câncer é, apenas, uma doença temporária que terá um fim no momento em que este corpo atual se desintegrar na morte. Muito pior do que qualquer doença física é a doença interior das nossas delusões, pois não há fim ao sofrimento que ela pode nos causar. Devido ao nosso apego pela satisfação dos nossos próprios desejos, vivenciamos contínua dor mental, vida após vida. O apego pode nos levar a conflitos, assassinatos e, até mesmo, ao suicídio. De modo semelhante, a raiva, a inveja e demais delusões nos prejudicam continuamente. Não importa se somos saudáveis ou doentes, ricos ou pobres, bem-sucedidos ou malsucedidos, populares ou impopulares – nunca estamos livres da ameaça das delusões. Podemos estar tranquilos a ler um livro quando, repentinamente, sem nenhuma razão aparente, relembramos um insulto ou um objeto de apego e ficamos infelizes. É raro, até mesmo, desfrutar de paz mental por apenas uma hora sem sermos perturbados pelas delusões.

Temos tolerado a doença interior das delusões desde tempos sem início. Trouxemos de nossas vidas passadas essa doença interior conosco, sofrendo dela por toda esta vida e carregando-a conosco para nossas vidas futuras. Os médicos não podem curá-la, e ela nunca terá um fim por si própria. O único remédio com o poder de curar nossa doença interior é o remédio dos ensinamentos de Buda e, especialmente, os ensinamentos sobre a vacuidade. Todos os ensinamentos

Khedrub Ngawang Dorje

O QUE É A VACUIDADE?

de Buda são métodos para curar nossa doença interior. Por exemplo, ao colocar em prática os ensinamentos de Buda sobre amor e paciência, podemos obter alguma interrupção temporária da doença da nossa raiva, e, ao colocar em prática seus ensinamentos sobre impermanência e as desvantagens do samsara, encontramos alguma liberdade no que diz respeito à doença do apego. No entanto, a única maneira pela qual podemos curar por completo todas as nossas doenças mentais é alcançando a realização direta da vacuidade. Quando tivermos realizado diretamente a vacuidade, teremos total liberdade. Poderemos, até mesmo, controlar nossa morte e escolher nosso renascimento. Agora mesmo talvez estejamos fazendo planos para o nosso próximo feriado ou nossa aposentadoria, mas não podemos estar seguros de que estaremos vivos nem mesmo até a próxima refeição. Após morrermos, não há certeza onde iremos renascer; apenas porque somos, agora, humanos, não é uma garantia de que, em nossa próxima vida, não tomaremos renascimento como um animal. Mesmo que renasçamos como um ser humano, não há verdadeira felicidade. Nascemos entre sangue e gritos, e somos totalmente incapazes de compreender qualquer coisa que esteja acontecendo conosco. As posses, conhecimento e amigos pelos quais trabalhamos e nos dedicamos tanto em nossas vidas passadas para acumular e ter são totalmente perdidos, e chegamos ao mundo de mãos vazias, confusos e sós. À medida que crescemos, temos de vivenciar todos os sofrimentos da vida humana, como o envelhecimento, adoecimento, fome, sede, conflitos, ter de se separar do que gostamos, ter de enfrentar aquilo do que não gostamos e não conseguir satisfazer nossos desejos. Isso não acontece em apenas uma única vida, mas vida após vida, muitas e muitas vezes. Se tivéssemos de vivenciar esses sofrimentos por apenas uma única vida ou algumas vidas, talvez pudéssemos aceitá-los; porém, esses sofrimentos irão se repetir muitas e muitas vezes, sem-fim. Como poderemos suportar isso?

Devemos contemplar esses pontos até alcançarmos uma conclusão definitiva:

Eu não posso mais tolerar, por um instante sequer, esse ciclo de sofrimento que não possui sentido algum. Eu preciso escapar do samsara. Antes que eu morra, preciso alcançar uma experiência profunda sobre a vacuidade.

Voltamos, então, nossa atenção para os seres vivos e pensamos:

É insuportável que eu permaneça na prisão do samsara, ainda mais que todos os seres vivos estão exatamente na mesma situação. Além disso, quando eu sofro, é apenas uma única pessoa que sofre, ao passo que, quando os outros sofrem, são incontáveis seres vivos que sofrem. Como posso suportar o pensamento de que incontáveis seres vivos estejam vivenciando sofrimento sem-fim? Eu preciso libertá-los, todos, do sofrimento. Para libertar todos os seres vivos do sofrimento, preciso me tornar um Buda, e, para me tornar um Buda, preciso realizar a verdade última – a vacuidade.

Quando estudamos a vacuidade, é importante que o façamos com a motivação correta. Há pouco benefício em estudar a vacuidade se apenas nos aproximarmos dela como um exercício intelectual. A vacuidade é difícil o bastante para ser compreendida, mas, se nos aproximarmos dela com uma motivação incorreta, isso irá obscurecer ainda mais seu significado. No entanto, se a estudarmos com uma boa motivação, fé nos ensinamentos de Buda e a compreensão de que o conhecimento sobre a vacuidade pode solucionar todos os nossos problemas e nos capacitar a ajudar qualquer um a solucionar seus problemas, receberemos bênçãos de sabedoria de Buda e compreenderemos a vacuidade com muita facilidade. Mesmo que não consigamos compreender todos os raciocínios técnicos, teremos uma sensação da vacuidade e seremos capazes de subjugar nossas delusões e solucionar nossos problemas diários por meio de contemplar e meditar na vacuidade. Gradualmente, nossa sabedoria irá aumentar até se transformar na sabedoria da visão superior e, por fim, na realização direta da vacuidade.

O QUE É A VACUIDADE?

À medida que nosso mérito crescer devido ao aumento do nosso bom-coração e motivação pura, nossa meditação na vacuidade irá se tornar mais eficiente, até, por fim, se tornar tão poderosa que destruiremos nosso agarramento ao em-si. Não existe método melhor para vivenciar paz mental e felicidade do que meditar na vacuidade. Já que o agarramento ao em-si é o que nos mantém presos ao samsara e é a fonte de todo o nosso sofrimento, a meditação na vacuidade é a solução universal para todos os problemas. Ela é o remédio que cura as doenças físicas e mentais, e é o néctar que concede a felicidade duradoura, eterna, da iluminação.

Vacuidade é o modo como as coisas realmente são. É o modo como as coisas existem, que é oposto ao modo como elas aparecem. Acreditamos, naturalmente, que as coisas que vemos ao nosso redor – como mesas, cadeiras e casas – são verdadeiramente existentes porque acreditamos que elas existem exatamente do modo como aparecem. No entanto, o modo como as coisas aparecem aos nossos sentidos é enganoso e completamente contraditório ao modo como elas realmente existem. As coisas aparecem como existindo do seu próprio lado, sem dependerem da nossa mente. Este livro que aparece para a nossa mente, por exemplo, parece ter sua própria existência objetiva, independente. Ele parece estar "fora", ao passo que nossa mente parece estar "dentro". Sentimos que o livro pode existir sem a nossa mente; não sentimos que nossa mente esteja, de alguma maneira, envolvida em trazer o livro à existência. Esse modo de existência, independente da nossa mente, recebe várias denominações: "existência verdadeira", "existência inerente", "existência do seu próprio lado" e "existência do lado do objeto".

Embora as coisas apareçam diretamente aos nossos sentidos como sendo verdadeiramente existentes, ou inerentemente existentes, em realidade todos os fenômenos carecem, ou são vazios, de existência verdadeira. Este livro, nosso corpo, nossos amigos, nós próprios e o universo inteiro são, em realidade, apenas aparências à mente, como coisas vistas em um sonho. Se sonharmos com um elefante, o elefante aparecerá vividamente com todos os seus detalhes – poderemos vê-lo, ouvi-lo, cheirá-lo e tocá-lo; mas, quando acordarmos, realizaremos que ele era apenas uma aparência à mente. Não iremos perguntar "Onde está o elefante, agora?" porque entenderemos que ele era simplesmente uma projeção da nossa mente e não tinha existência fora de nossa mente. Quando a percepção onírica (a percepção durante o sonho), que apreendia o elefante cessou, o elefante não foi para lugar algum – ele simplesmente desapareceu, pois era apenas uma aparência à mente e não existia separado da mente. Buda disse que isso também é verdadeiro para todos os fenômenos; eles são meras aparências à mente, em total dependência das mentes que os percebem.

O mundo que experienciamos quando estamos acordados e o mundo que experienciamos quando sonhamos são, ambos, meras aparências à mente, e que surgem das nossas concepções equivocadas. Se quisermos afirmar que o mundo do sonho é falso, teremos também que dizer que o mundo da vigília é falso; e se quisermos afirmar que o mundo da vigília é verdadeiro, também teremos que dizer que o mundo onírico, ou mundo do sonho, é verdadeiro. A única diferença entre eles é que o mundo onírico é uma aparência para a nossa mente sutil do sonho, ao passo que o mundo da vigília é uma aparência para a nossa mente densa da vigília. O mundo onírico existe apenas enquanto a percepção onírica, para a qual ele aparece, existir; e o mundo da vigília existe apenas enquanto a percepção da vigília, para a qual ele aparece, existir. Buda disse: "Deves saber que todos os fenômenos são como sonhos". Quando morremos, nossas mentes densas da vigília se dissolvem em nossa mente muito sutil e o mundo que experienciávamos, quando estávamos vivos, simplesmente desaparece. O mundo tal como os outros o percebem continuará existindo, mas o nosso mundo pessoal desaparecerá tão completa e irrevogavelmente como o mundo do sonho da noite passada desapareceu.

Buda também declarou que todos os fenômenos são como ilusões. Há muitos tipos diferentes de ilusão, como miragens, arco-íris e alucinações provocadas por drogas. Em tempos antigos, era costume haver mágicos que podiam lançar um encantamento sobre uma plateia, fazendo com que as pessoas vissem um objeto qualquer – um pedaço de madeira, por exemplo – como se fosse um tigre ou qualquer outra coisa. Os que estavam iludidos pelo encantamento viam o que aparecia como um tigre de verdade e desenvolviam medo, mas as pessoas que chegassem após o encantamento ter sido lançado viam, simplesmente, um pedaço de madeira. O que todas as ilusões têm em comum é que o modo como elas aparecem não coincide com o modo como elas existem. Buda comparou todos os fenômenos a ilusões porque, devido à força das marcas da ignorância do agarramento ao em-si, acumuladas desde tempos sem início, o que quer que apareça para a nossa mente aparece, naturalmente, como existindo verdadeiramente e, instintivamente, concordamos com essa aparência; mas, em realidade, tudo é totalmente vazio de existência verdadeira. Assim como uma miragem, que aparece como sendo água quando, de fato, não é água, as coisas aparecem de um modo enganoso. Por não compreendermos sua real natureza, somos enganados pelas aparências e nos aferramos a livros e mesas, corpos e mundos como verdadeiramente existentes. O resultado de nos agarrarmos aos fenômenos desse modo é que desenvolvemos autoapreço, apego, ódio, inveja e demais delusões, nossa mente torna-se agitada e desequilibrada e a nossa paz mental é destruída. Somos como viajantes em um deserto, que se esgotam correndo atrás de miragens, ou como alguém andando à noite por uma rua, confundindo as sombras das árvores com criminosos ou animais selvagens à espreita para atacar.

A VACUIDADE DO NOSSO CORPO

Para compreender como os fenômenos são vazios de existência verdadeira, ou inerente, devemos considerar nosso próprio corpo. Uma vez que tenhamos compreendido como o nosso corpo carece de existência verdadeira, facilmente poderemos aplicar o mesmo raciocínio para outros objetos.

Ngulchu Dharmabhadra

No *Guia do Estilo de Vida do Bodhisattva*, Shantideva diz:

Portanto, não há corpo,
Mas, devido à ignorância, vemos um corpo presente nas
   mãos e assim por diante,
Assim como uma mente que, de maneira equivocada,
   apreende uma pessoa
Quando observa o formato de uma pilha de pedras ao
   anoitecer.

Em certo nível, conhecemos muito bem o nosso corpo – sabemos se ele está saudável ou doente, se é bonito ou feio, e assim por diante. No entanto, nunca o examinamos mais profundamente, questionando-nos: "O que é o meu corpo, precisamente? Onde está o meu corpo? Qual é a sua verdadeira natureza?". Se examinássemos nosso corpo desse modo, não seríamos capazes de encontrá-lo – em vez de encontrar o nosso corpo, o resultado desse exame seria o desaparecimento do nosso corpo. O significado do primeiro verso da estrofe de Shantideva, "Portanto, não há corpo", é que, se procurarmos por nosso corpo "real", não há corpo; o nosso corpo existe apenas se não procurarmos por um corpo real por detrás de sua mera aparência.

Há duas maneiras de procurar um objeto. Um exemplo da primeira maneira, que podemos chamar de "busca convencional", é procurar por nosso carro em um estacionamento. A conclusão desse tipo de busca é que encontraremos o carro, no sentido de que veremos a coisa que todos concordam ser nosso carro. No entanto, tendo localizado nosso carro no estacionamento, vamos supor que ainda não estejamos satisfeitos com a mera aparência do carro e que desejemos determinar exatamente o que o carro é. Empenhamo-nos, então, naquilo que podemos denominar de "busca última" pelo carro, pela qual olhamos em profundidade para o objeto ele próprio, a fim de encontrar algo que seja o objeto. Para fazer isso, perguntamo-nos: "Alguma das partes individuais do carro é o carro? As rodas são o carro? O motor é o carro? O chassi é o carro?", e assim por diante. Quando, ao conduzir uma busca última pelo nosso carro, não ficarmos satisfeitos apenas em apontar para o capô, as rodas e assim por diante e, então, dizermos "carro", vamos querer saber o que o carro de fato é. Em vez de apenas usarmos a palavra "carro", como as pessoas comuns fazem, vamos querer saber a que a palavra "carro", em realidade, se refere. Vamos querer separar mentalmente o carro de tudo aquilo que *não é carro*, para que possamos dizer: "Isto é o que o carro realmente é". Queremos encontrar um carro, mas, em verdade, não há carro: não podemos encontrar coisa alguma. No *Sutra Perfeição de Sabedoria Condensado*, Buda diz: "Se procurares por teu corpo com sabedoria, não conseguirás encontrá-lo". Isso também se aplica ao nosso carro, a nossa casa e a todos os demais fenômenos.

No *Guia do Estilo de Vida do Bodhisattva*, Shantideva diz:

Quando examinado dessa maneira,
Quem está vivendo e quem é este que morrerá?
O que é o futuro e o que é o passado?
Quem são os nossos amigos e quem são os nossos parentes?

Rogo a ti, que és exatamente como eu,
Por favor, reconhece que todas as coisas são vazias, como
  o espaço.

O sentido essencial dessas palavras é que, quando procuramos pelas coisas com sabedoria, não existe pessoa que esteja vivendo ou morrendo, não há passado ou futuro e não existe presente, incluindo os nossos amigos e parentes. Devemos reconhecer que todos os fenômenos são vazios, como o espaço, o que significa que devemos saber que todos os fenômenos não são algo além que vacuidade.

Para compreender a afirmação de Shantideva de que, em realidade, não há corpo, precisamos conduzir uma busca última pelo nosso corpo. Se formos seres comuns, todos os objetos, incluindo nosso corpo, aparecem como existindo inerentemente. Como já foi mencionado, os objetos parecem ser independentes de nossa mente e independentes dos demais fenômenos. O universo aparece como constituído de objetos separados, independentes, que têm existência do seu próprio lado. Esses objetos aparecem existindo em si mesmos, como estrelas, planetas, montanhas, pessoas, e assim por diante, "esperando" para serem experienciados por seres conscientes. Normalmente, não nos ocorre que estejamos, de algum modo, envolvidos na existência desses fenômenos. Por exemplo, sentimos que nosso corpo existe do seu próprio lado e que ele não depende de nossa mente ou da mente de qualquer outra pessoa para trazê-lo à existência. No entanto, se nosso corpo existisse desse modo ao qual instintivamente nos agarramos – mais propriamente, como um objeto exterior em vez de existir apenas como uma projeção da mente – deveríamos ser capazes de apontar para o nosso corpo sem que apontássemos para qualquer outro fenômeno que não seja o nosso corpo. Deveríamos ser capazes de encontrá-lo entre suas partes ou fora de suas partes. Já que não há uma terceira possibilidade, se nosso corpo não puder ser encontrado entre suas partes nem fora de suas partes, devemos concluir que o nosso corpo que normalmente vemos não existe.

Não é difícil compreender que as partes individuais do nosso corpo não são o nosso corpo – é absurdo dizer que nossas costas, pernas ou nossa cabeça são o nosso corpo. Se uma das partes – digamos, as costas – for o nosso corpo, então as outras partes são igualmente o nosso corpo, e seguir-se-á que temos muitos corpos. Além disso, nossas costas, pernas e assim por diante não podem ser o nosso corpo porque elas são partes do nosso corpo. O corpo é o possuidor das partes, e as costas, pernas e assim por diante são as partes possuídas; e o possuidor e a posse não podem ser o mesmo.

Algumas pessoas acreditam que, embora nenhuma das partes individuais do corpo seja o corpo, a coleção de todas as partes reunidas é o corpo. De acordo com elas, é possível encontrar nosso corpo quando procuramos analiticamente por ele, porque a coleção de todas as partes de nosso corpo é o nosso corpo. Entretanto, essa afirmação pode ser refutada com muitas razões válidas. A força desses raciocínios talvez não seja imediatamente óbvia para nós, mas, se os contemplarmos de maneira bastante cuidadosa, com uma mente calma e positiva, iremos apreciar sua validade.

Já que nenhuma das partes individuais de nosso corpo é o nosso corpo, de que maneira a coleção, ou o conjunto, de todas as partes pode ser o nosso corpo? Por exemplo, um conjunto de cachorros não pode ser um ser humano, já que nenhum dos cachorros, individualmente, é humano. Como cada membro individual é "não-humano", de que maneira essa coleção de *não-humanos* pode se transformar magicamente em um ser humano? Do mesmo modo, uma vez que a coleção das partes de nosso corpo é uma coleção de coisas que não são o nosso corpo, ela não pode ser o nosso corpo. Assim como o conjunto de cachorros permanece simplesmente como *cachorros*, a coleção de todas as partes de nosso corpo permanece simplesmente como *partes de nosso corpo* – a coleção não se transforma, magicamente, no possuidor das partes: o nosso corpo.

Podemos achar esse ponto difícil de compreender, mas, se pensarmos sobre isso por um longo tempo, com uma mente calma e positiva, e debatermos com praticantes mais experientes, ele irá se tornar mais claro gradualmente. Podemos também consultar livros autênticos sobre o assunto, como *Novo Coração de Sabedoria* e *Oceano de Néctar*.

Existe outra maneira pela qual podemos compreender que a coleção das partes de nosso corpo não é o nosso corpo. Se pudermos apontar para a coleção das partes de nosso corpo e dizer que a coleção é, em si mesma, nosso corpo, então a coleção das partes de nosso corpo precisa existir independentemente de todos os fenômenos que não são nosso corpo. Desse modo, segue-se que a coleção das partes de nosso corpo existiria independentemente de suas próprias partes. Isso é, claramente, um absurdo – se isso fosse verdade, poderíamos remover todas as partes de nosso corpo e a coleção das partes permaneceria. Podemos concluir, portanto, que a coleção das partes de nosso corpo não é o nosso corpo.

Já que o corpo não pode ser encontrado dentro de suas partes, nem como uma parte individual nem como a coleção das partes, a única possibilidade que resta é que o corpo exista separado de suas partes. Se esse for o caso, seria possível remover, física ou mentalmente, todas as partes de nosso corpo e, ainda assim, ficar com o corpo. No entanto, se removermos nossos braços, pernas, cabeça, tronco e todas as demais partes de nosso corpo, não restará nenhum corpo. Isso prova que não existe um corpo separado de suas partes. Devido à ignorância, sempre que apontamos para o nosso corpo, apontamos apenas para uma parte do corpo – parte essa que não é o nosso corpo.

Acabamos de procurar em todos os lugares possíveis e fomos incapazes de encontrar nosso corpo, seja entre suas partes ou em qualquer outro lugar. Não conseguimos encontrar nada que corresponda ao corpo que aparece de modo tão vívido e ao qual normalmente nos aferramos. Somos forçados a concordar com Shantideva que, quando procuramos por nosso corpo, não há um corpo a ser encontrado. Isso prova, de modo bastante claro, que o nosso corpo que normalmente vemos não existe. É quase como se o nosso corpo não existisse de modo algum. De fato, o único meio pelo qual podemos dizer que nosso corpo existe é se ficarmos satisfeitos com o mero nome "corpo" e não esperarmos encontrar um corpo real por detrás do nome. Se tentarmos encontrar, ou apontar, um corpo real ao qual o nome "corpo" se refira, não iremos encontrar absolutamente nada. Ao invés de encontrarmos um corpo verdadeiramente existente, perceberemos a mera ausência do nosso corpo que normalmente vemos. Essa mera ausência do nosso corpo que normalmente vemos é o modo como o nosso corpo existe de fato. Compreenderemos e realizaremos que o corpo que normalmente percebemos, ao qual nos aferramos e apreciamos, não existe de modo algum. Essa não-existência do corpo ao qual normalmente nos agarramos é a vacuidade do nosso corpo, a verdadeira natureza do nosso corpo.

O termo "verdadeira natureza" é muito significativo. Não satisfeitos com a mera aparência e nome "corpo", examinamos nosso corpo para descobrir sua verdadeira natureza. O resultado desse exame foi que o nosso corpo é, definitivamente, impossível de ser encontrado. Onde esperávamos encontrar um corpo verdadeiramente existente, descobrimos a absoluta não-existência desse corpo verdadeiramente existente. Essa não-existência,

Yangchen Drubpay Dorje

ou vacuidade, é a verdadeira natureza de nosso corpo. Exceto a mera ausência de um corpo verdadeiramente existente, não existe nenhuma outra verdadeira natureza de nosso corpo – qualquer outro atributo do corpo é, apenas, parte de sua natureza enganosa. Já que esse é o caso, porque gastamos tanto tempo nos concentrando na natureza enganosa de nosso corpo? No momento presente, ignoramos a verdadeira natureza de nosso corpo e a dos demais fenômenos, e nos concentramos apenas em sua natureza enganosa; o resultado de nos concentrarmos o tempo todo em objetos enganosos é que a nossa mente fica perturbada e permanecemos na vida infeliz do samsara. Se quisermos experienciar felicidade pura, precisamos familiarizar nossa mente com a verdade. Em vez de desperdiçar nossa energia nos concentrando apenas em objetos enganosos e sem sentido, devemos nos concentrar na verdadeira natureza das coisas.

Embora seja impossível encontrar nosso corpo quando procuramos por ele analiticamente, ele aparece de modo muito claro quando não estamos envolvidos em analisá-lo. Por que isso acontece? Shantideva diz que, devido à ignorância, vemos nosso corpo dentro das mãos e das outras partes de nosso corpo. Em realidade, o nosso corpo não existe dentro das suas partes. Assim como podemos, ao anoitecer, ver uma pilha de pedras como se fosse um homem, mesmo que não exista homem algum entre as pedras, nossa mente ignorante vê, do mesmo modo, um corpo dentro da coleção de braços, pernas e assim por diante, ainda que não exista corpo algum ali. O corpo que vemos dentro da coleção de braços e pernas é, simplesmente, uma alucinação de nossa mente ignorante. No entanto, porque não o reconhecemos como uma alucinação, nos aferramos muito fortemente a ele, apreciando-o e extenuando-nos na tentativa de protegê-lo de qualquer desconforto.

A maneira de familiarizar nossa mente com a verdadeira natureza do corpo é usar o raciocínio acima para procurar pelo nosso corpo e, então, após tê-lo procurado em todos os lugares possíveis e não o tivermos encontrado, nos concentrarmos na vacuidade semelhante-ao-espaço, que é a mera ausência do corpo que normalmente vemos. Essa vacuidade semelhante-ao-espaço é a verdadeira natureza do nosso corpo. Embora se assemelhe a um espaço vazio, é um vazio muito significativo. Seu significado é a absoluta não-existência do corpo que normalmente vemos, o corpo ao qual nos agarramos tão fortemente e que temos apreciado e cuidado durante toda a nossa vida.

Ao nos familiarizarmos com a experiência da natureza última semelhante-ao-espaço do nosso corpo, nosso agarramento ao nosso corpo será reduzido. Como resultado, experienciaremos muito menos sofrimento, ansiedade e frustração com relação ao nosso corpo. A nossa tensão física irá diminuir e nossa saúde irá melhorar, e, mesmo que fiquemos doentes, nosso desconforto físico não irá perturbar nossa mente. Aqueles que têm a experiência direta da vacuidade não sentem dor alguma, mesmo que sejam espancados ou baleados. Compreendendo que a verdadeira natureza de seu corpo é semelhante ao espaço, ser espancado é, para eles, como bater no espaço, e ser baleado é como atirar no espaço. Além disso, boas e más condições exteriores não têm mais o poder de perturbar suas mentes, porque eles realizaram que as condições exteriores são como a ilusão de um mágico – elas não têm existência separada da mente. Em vez de serem controlados pela mudança das condições, como uma marionete é controlada pelos fios, suas mentes permanecem livres e tranquilas na sabedoria da natureza última, idêntica e imutável, de todas as coisas. Desse modo, uma pessoa que realize diretamente a vacuidade, a verdadeira natureza dos fenômenos, experiencia paz e felicidade dia e noite, vida após vida.

Precisamos fazer a distinção entre o corpo convencionalmente existente, que existe, e o corpo inerentemente existente, que não existe; mas precisamos tomar cuidado para não sermos enganados pelas palavras, pensando que o corpo convencionalmente existente é algo mais do que uma mera aparência para a mente. Talvez seja menos confuso apenas dizer que, para uma mente que vê diretamente a verdade, ou vacuidade, não existe corpo. Um corpo só existe para uma mente comum, para a qual um corpo aparece.

Shantideva nos aconselha que, a menos que desejemos entender a vacuidade, não devemos examinar as verdades convencionais como o nosso corpo, posses, lugares e amigos, mas, em vez disso, ficarmos satisfeitos com os seus meros nomes, da mesma maneira que as pessoas comuns. Quando uma pessoa comum, ou mundana, conhece o nome e o propósito de um objeto, ela fica satisfeita por conhecer o objeto e não prossegue com a investigação. Devemos fazer o mesmo, a menos que queiramos meditar na vacuidade. No entanto, devemos lembrar que, se examinássemos os objetos com mais rigor, não os encontraríamos, porque eles simplesmente desapareceriam, do mesmo modo que uma miragem desaparece se tentarmos procurá-la.

O mesmo raciocínio que usamos para provar a carência de existência verdadeira do nosso corpo pode ser aplicado para todos os demais fenômenos. Este livro, por exemplo, parece existir do seu próprio lado, em algum lugar dentro de suas partes; mas, quando examinamos o livro com mais precisão, descobrimos que nenhuma das páginas individualmente nem o conjunto das páginas é o livro, e que, ainda assim, sem as páginas o livro não existe. Ao invés de encontrar um livro verdadeiramente existente, somos levados a contemplar a vacuidade, que é a não-existência do livro que anteriormente sustentávamos existir. Devido a nossa ignorância, o livro aparece como se existisse separado de nossa mente, como se a nossa mente estivesse *dentro* e o livro, *fora*. Mas, ao analisar o livro, descobrimos que sua aparência é totalmente falsa. Não há livro fora da nossa mente. Não há um livro "lá fora", dentro das páginas. O único modo pelo qual o livro existe é como uma mera aparência para a mente, uma mera projeção da mente.

Todos os fenômenos existem por meio de convenção; nada é inerentemente existente. Isso se aplica à mente, a Buda e até mesmo à vacuidade. Tudo é meramente imputado pela mente. Todos os fenômenos têm partes – os fenômenos físicos têm partes físicas e os fenômenos não físicos têm várias partes, ou atributos, que podem ser distinguidos pelo pensamento. Utilizando o mesmo tipo de raciocínio acima, podemos compreender que nenhum fenômeno é uma de suas partes nem a coleção de suas partes, e não é separado de suas partes. Desse modo, podemos compreender e realizar a vacuidade de todos os fenômenos, a mera ausência de todos os fenômenos que normalmente vemos ou percebemos.

É particularmente útil meditar na vacuidade dos objetos que fazem surgir fortes delusões em nós, como apego e raiva. Ao analisar corretamente, compreenderemos que o objeto que desejamos ou o objeto pelo qual temos aversão não existem do seu próprio lado. Sua beleza ou feiura, e até mesmo sua própria existência, são imputadas pela mente. Pensando desse modo, descobriremos que não existe base para apego ou raiva.

A VACUIDADE DA NOSSA MENTE

Em *Treinar a Mente em Sete Pontos*, após esquematizar como devemos nos empenhar na meditação analítica da vacuidade de existência inerente dos fenômenos exteriores, como o nosso corpo, Geshe Chekhawa continua dizendo que precisamos, então, analisar nossa própria mente para compreender de que maneira ela carece de existência inerente.

A nossa mente não é uma entidade independente, mas um continuum em constante mudança, que depende de muitos fatores; por exemplo: os seus momentos anteriores, os seus objetos e os ventos-energia interiores sobre os quais estão montadas. Assim como qualquer coisa, nossa mente é imputada a uma coleção de muitos fatores e, por essa razão, carece de existência inerente. Uma mente primária, ou consciência, por exemplo, tem cinco partes ou "fatores mentais": sensação, discriminação, intenção, contato e atenção. Nem os fatores mentais, individualmente, nem a coleção desses fatores mentais é a mente primária ela própria, porque eles são fatores mentais e, portanto, partes da mente primária. No entanto, não existe mente primária separada desses fatores mentais. Uma mente primária é meramente imputada aos fatores mentais, que são a sua base de imputação e, portanto, ela não existe do seu próprio lado.

O QUE É A VACUIDADE?

Tendo identificado a natureza da nossa mente primária, que é um vazio semelhante-a-um-espaço que percebe ou compreende objetos, procuramos, então, por ela dentro de suas partes – sensação, discriminação, intenção, contato e atenção – até finalmente realizarmos que a mente primária não pode ser encontrada – ela é inencontrável. Essa impossibilidade de encontrar nossa mente é a sua natureza última, ou vacuidade. Então, pensamos:

Todos os fenômenos que aparecem para a minha mente são da natureza da minha mente. A minha mente é da natureza da vacuidade.

Desse modo, sentimos que tudo se dissolve na vacuidade. Percebemos apenas a vacuidade de todos os fenômenos e meditamos nessa vacuidade. Essa maneira de meditar na vacuidade é mais profunda que a meditação na vacuidade do nosso corpo. Nossa experiência da vacuidade irá se tornar, de modo gradual, mais e mais clara até, por fim, adquirirmos uma sabedoria imaculada que realiza diretamente a vacuidade de todos os fenômenos.

A VACUIDADE DO NOSSO EU

O objeto ao qual nos agarramos mais fortemente é o nosso self, ou *eu*. Devido às marcas da ignorância do agarramento ao em-si do próprio eu, acumuladas desde tempos sem início, o nosso *eu* aparece para nós como inerentemente existente, e a nossa mente de agarramento ao em-si do próprio eu agarra-se automaticamente a ele desse modo. Embora nos agarremos a um *eu* inerentemente existente o tempo todo – mesmo durante o sono – não é fácil identificar de que maneira ele aparece para nossa mente. Para identificá-lo de modo claro, devemos começar permitindo que ele se manifeste fortemente, contemplando as situações nas quais temos uma sensação exagerada do *eu*, como quando ficamos constrangidos, envergonhados, amedrontados ou indignados. Recordamos ou imaginamos uma situação assim e,

Khedrub Tendzin Tsöndru

então, sem nenhum comentário ou análise, tentamos obter uma imagem mental clara de como o *eu* naturalmente aparece nesses momentos. Temos de ser pacientes nessa etapa, pois podemos levar muitas sessões antes de obtermos uma imagem clara. Por fim, veremos que o *eu* aparece como sendo totalmente sólido e real, existindo do seu próprio lado, sem depender do corpo ou da mente. Esse *eu* que aparece vividamente é o eu inerentemente existente que apreciamos e cuidamos tão fortemente. Ele é o *eu* que defendemos quando somos criticados e do qual ficamos tão orgulhosos quando somos elogiados.

Uma vez que tenhamos uma imagem de como o *eu* aparece nessas circunstâncias extremas, devemos tentar identificar de que maneira ele aparece normalmente, em situações menos extremas. Por exemplo, podemos observar o *eu* que está, agora, lendo este livro e tentar descobrir como ele aparece para a nossa mente. Veremos que, embora neste caso, não exista uma sensação exagerada do *eu*, todavia o *eu* continua a aparecer como sendo inerentemente existente, existindo do seu próprio lado, sem depender do corpo ou da mente. Uma vez que tenhamos uma imagem do *eu* inerentemente existente, concentramo-nos nela por algum tempo, com concentração estritamente focada. Então, durante a meditação, avançamos para a próxima etapa, que é contemplar raciocínios válidos para provar que o *eu* inerentemente existente, ao qual nos agarramos, não existe de fato. O *eu* inerentemente existente e o nosso self que normalmente vemos são o mesmo; devemos saber que nenhum deles existe; ambos são objetos negados pela vacuidade.

Se o *eu* existe do modo como aparece, ele precisa existir num desses quatro modos: como o corpo, como a mente, como a coleção de corpo e mente, ou como algo separado do corpo e da mente; não há outra possibilidade. Contemplamos esse argumento com bastante cuidado até ficarmos convencidos de que esse é exatamente o caso e, então, procedemos ao exame de cada uma das quatro possibilidades:

(1) Se o nosso *eu* for o nosso corpo, não faz sentido dizer "meu corpo", porque o possuidor e a posse são idênticos.

Se o nosso *eu* for o nosso corpo, então não existe renascimento futuro porque o eu cessa quando o corpo morre.

Se o nosso *eu* e o nosso corpo forem idênticos, então, já que somos capazes de desenvolver fé, sonhar, resolver problemas matemáticos e assim por diante, segue-se que carne, sangue e ossos podem fazer o mesmo.

Já que nada disso é verdade, segue-se que o nosso *eu* não é o nosso corpo.

(2) Se o nosso *eu* for a nossa mente, não faz sentido dizer "minha mente", porque o possuidor e a posse são idênticos; mas, quando focamos nossa mente, é comum dizermos "minha mente". Isso indica, de modo bastante claro, que nosso *eu* não é a nossa mente.

Se o nosso *eu* for a nossa mente, então, já que temos muitos tipos de mente (como as seis consciências, as mentes conceituais e as mentes não conceituais) segue-se que temos muitos *"eus"*. Já que isso é um absurdo, nosso *eu* não pode ser a nossa mente.

(3) Já que o nosso corpo não é o nosso *eu* e a nossa mente não é o nosso *eu*, a coleção do nosso corpo e mente não pode ser o nosso *eu*. A coleção do nosso corpo e mente é uma coleção de coisas que não são o nosso *eu*; logo, como pode a coleção, ela própria, ser o nosso *eu*? Por exemplo, num rebanho de vacas, nenhum dos animais é uma ovelha; portanto, o rebanho ele próprio não é uma ovelha. Do mesmo modo, na coleção do nosso corpo e mente, nem o nosso corpo nem a nossa mente são o nosso *eu*; por essa razão, a coleção, ela própria, não é o nosso *eu*.

(4) Se o nosso *eu* não é o nosso corpo, nem a nossa mente e nem a coleção do nosso corpo e mente, a única possibilidade que resta é que o *eu* seja algo separado do nosso corpo e da nossa mente. Se esse for o caso, devemos ser capazes de apreender o nosso *eu* sem que o nosso corpo ou a nossa mente apareçam; mas, se imaginarmos que o nosso corpo e a nossa mente desapareceram por completo, não terá restado coisa alguma que possa ser chamada de nosso *eu*. Portanto, segue-se que o nosso *eu* não está separado do nosso corpo e mente.

Devemos imaginar que o nosso corpo se dissolve gradualmente no ar; em seguida, nossa mente se dissolve, nossos pensamentos se dispersam com o vento e nossos sentimentos, desejos e percepções se dissolvem em um vazio. Restou algo que seja o nosso *eu*? Não restou coisa alguma. Fica claro que o nosso *eu* não é algo separado do nosso corpo e da nossa mente.

Examinamos todas as quatro possibilidades e não conseguimos encontrar o nosso *eu*, ou self. Uma vez que já havíamos decidido não existir uma quinta possibilidade, devemos concluir que o nosso *eu*, ao qual normalmente nos agarramos e apreciamos, não existe de modo algum. Onde anteriormente aparecia um *eu* inerentemente existente, aparece agora uma ausência desse *eu*. Essa ausência de um *eu* inerentemente existente é vacuidade, a verdade última.

Fazemos essa contemplação desse modo, até que nos apareça a imagem genérica, ou mental, da ausência do nosso self que normalmente vemos. Essa imagem é o nosso objeto de meditação posicionada. Tentamos nos familiarizar totalmente com ela, meditando concentrados e continuamente pelo maior tempo possível.

Como temos nos agarrado ao nosso *eu* inerentemente existente desde tempos sem início e apreciado esse *eu* acima de qualquer outra coisa, a experiência de não conseguir encontrar nosso self durante a meditação pode, no início, ser um tanto chocante. Algumas pessoas desenvolvem medo, pensando "tornei-me totalmente não-existente". Outras sentem grande alegria, como se a fonte de todos os seus problemas tivesse desaparecido. Ambas as reações são bons sinais e indicam uma meditação correta. Pouco depois, essas reações iniciais irão diminuir e nossa mente irá se estabelecer num estado mais equilibrado. Seremos então capazes de meditar na vacuidade do nosso self de uma maneira calma, controlada. Devemos permitir que nossa mente se absorva na vacuidade semelhante-ao-espaço pelo maior tempo possível. É importante lembrar que o nosso objeto é a vacuidade, a mera ausência do nosso self que normalmente vemos, e não um mero nada ou inexistência. Devemos verificar, periodicamente, a nossa meditação com vigilância. Se a nossa mente se desviou para outro objeto, ou se tivermos perdido o significado da vacuidade e estivermos concentrados em um mero nada, ou inexistência, devemos retornar às contemplações de modo a trazer para a nossa mente, mais uma vez e de modo claro, a vacuidade do nosso self.

Podemos questionar: "Se o meu self que normalmente vejo não existe, então, quem está meditando? Quem sairá da meditação, falará com os outros e responderá quando o meu nome for chamado?". Embora nosso self que normalmente vemos não exista, isso não significa que o nosso self não existe de modo algum. Nós existimos como uma mera imputação. Desde que fiquemos satisfeitos com a mera imputação do nosso "self", não há problema. Podemos pensar "eu existo", "eu estou indo para a cidade" e assim por diante. O problema surge apenas quando procuramos por nosso self que seja diferente da mera imputação conceitual *eu*, nosso "self". A nossa mente se agarra a um *eu* que existe essencialmente, independentemente de imputação conceitual, como se houvesse um *eu* "real" existindo por detrás do rótulo. Se existisse um *eu* assim, seríamos capazes de encontrá-lo, mas vimos que o nosso *eu* não pode ser encontrado por investigação. A conclusão de nossa busca foi uma total e definitiva impossibilidade de encontrar o nosso self. Essa impossibilidade de encontrar o nosso self é a vacuidade do nosso self, a natureza última do nosso self. Nosso self que existe como mera imputação é o nosso self existente. Do mesmo modo, os fenômenos que existem como mera imputação são fenômenos existentes. Não há self nem demais fenômenos que existam para além de meras imputações. Em verdade, nosso self e demais fenômenos que existem como mera imputação são a natureza última de nosso self e dos demais fenômenos – não são a natureza convencional. No início, essas explicações são difíceis de serem compreendidas, mas, por favor, seja paciente. Devemos aplicar esforço para receber as poderosas bênçãos do Buda da Sabedoria Je Tsongkhapa por meio de nos aplicarmos sinceramente na prática da sadhana *Joia-Coração*.

Quando realizamos a vacuidade pela primeira vez, nós o fazemos conceitualmente, por meio de uma imagem genérica. Por meditarmos continuamente na vacuidade, muitas e muitas vezes, a imagem genérica gradualmente irá se tornar cada vez mais transparente, até desaparecer por completo e vermos a vacuidade diretamente. Essa realização direta da vacuidade será a nossa primeira percepção totalmente não equivocada, ou mente *incontaminada*. Até que realizemos a vacuidade diretamente, todas as nossas mentes são percepções equivocadas porque, devido às marcas do agarramento ao em-si – ou ignorância do agarramento ao verdadeiro – os seus objetos aparecem como inerentemente existentes.

Muitas pessoas voltam-se para o extremo da existência, pensando que, se algo existe, isso precisa existir inerentemente, exagerando assim o modo como as coisas existem, sem ficarem satisfeitas com o fato de que os fenômenos existem como meros nomes. Outras podem voltar-se para o extremo da não-existência, pensando que, se os fenômenos não existem inerentemente, eles não existem de modo algum, exagerando assim a ausência de existência inerente dos fenômenos. Precisamos compreender que, embora os fenômenos careçam de qualquer traço de existência do seu próprio lado, eles existem convencionalmente como meras aparências para uma mente válida.

As mentes conceituais que se aferram ao nosso *eu* e aos demais fenômenos como sendo verdadeiramente existentes são percepções errôneas e, portanto, devem ser abandonadas, mas eu não estou dizendo que todos os pensamentos conceituais são percepções errôneas e que, portanto, devem ser abandonados. Existem muitas mentes conceituais corretas que são úteis em nossas vidas diárias, como a mente conceitual que lembra o que fizemos ontem ou a mente conceitual que entende o que faremos amanhã. Existem também muitas mentes conceituais que precisam ser cultivadas no caminho espiritual. Por exemplo, a bodhichitta convencional no continuum mental de um Bodhisattva é uma mente conceitual porque ela apreende o seu objeto, a grande iluminação, por meio de uma imagem genérica. Além disso, antes que possamos realizar diretamente a vacuidade com uma mente não conceitual, precisaremos realizá-la por meio de um conhecedor válido subsequente, que é uma mente conceitual. Por contemplar os raciocínios que refutam a existência inerente, aparecerá para a nossa mente uma imagem genérica da ausência, ou vazio, de existência inerente. Esse é o único modo pelo qual a vacuidade pode aparecer inicialmente para a nossa mente. Meditamos, então, nessa imagem com concentração cada vez mais forte até, por fim, percebermos a vacuidade diretamente.

Há algumas pessoas que dizem que o modo de meditar na vacuidade é, simplesmente, esvaziar nossa mente de todos os pensamentos conceituais, argumentando que, assim como nuvens brancas obscurecem o sol tanto quanto nuvens negras, os pensamentos conceituais positivos obscurecem nossa mente tanto quanto os pensamentos conceituais negativos. Essa visão é totalmente equivocada, porque, se não aplicarmos esforço algum para adquirir uma compreensão conceitual da vacuidade, mas, em vez disso, tentarmos suprimir todos os pensamentos conceituais, a vacuidade propriamente dita nunca aparecerá para a nossa mente. Podemos alcançar uma experiência vívida de um vazio semelhante-ao-espaço, mas isso é apenas a ausência de pensamento conceitual – não é a vacuidade, a verdadeira natureza dos fenômenos. Meditar nesse vazio pode acalmar temporariamente a nossa mente, mas ele nunca irá destruir nossas delusões nem irá nos libertar do samsara e dos seus sofrimentos.

A VACUIDADE QUE É VAZIA DOS OITO EXTREMOS

Se todas as causas e condições atmosféricas necessárias se reunirem, nuvens irão aparecer. Se essas causas e condições estiverem ausentes, as nuvens não poderão se formar. As nuvens são totalmente dependentes de causas e condições para o seu desenvolvimento; sem essas causas e condições, as nuvens não têm poder para se desenvolver. O mesmo é verdade para montanhas, planetas, corpos, mentes e todos os demais fenômenos produzidos. Porque dependem, para sua existência, de fatores exteriores a si mesmos, os fenômenos produzidos são vazios de existência inerente, ou independente, e são meras imputações da mente.

Contemplar os ensinamentos sobre carma – as ações e seus efeitos – pode nos ajudar a compreender isso. De onde vêm todas as nossas experiências boas e más? De acordo com o budismo, elas são o resultado do carma positivo e negativo que criamos no passado. Como resultado do carma positivo, pessoas atraentes e agradáveis aparecem em nossa vida, condições materiais agradáveis surgem e vivemos em belos ambientes; mas, como resultado do carma negativo, pessoas e coisas desagradáveis aparecem. Este mundo é o efeito do carma coletivo criado pelos seres que o habitam. Como o carma se origina na mente – em nossas intenções mentais, especificamente – podemos compreender que todos os mundos surgem da mente. Isso é semelhante ao modo como as aparências surgem em um sonho. Tudo o que percebemos quando estamos sonhando é o resultado do amadurecimento de potenciais cármicos em nossa mente e não têm existência alguma fora de nossa mente. Quando nossa mente está calma e pura, marcas cármicas positivas amadurecem e surgem aparências oníricas agradáveis; mas quando nossa mente fica agitada e impura, marcas cármicas negativas amadurecem e surgem aparências desagradáveis e pesadelos. De modo semelhante, todas as aparências do nosso mundo quando estamos acordados são, simplesmente, o amadurecimento de marcas cármicas positivas, negativas ou neutras em nossa mente.

Dorjechang Phabongkha Trinlay Gyatso

O QUE É A VACUIDADE?

Uma vez que tenhamos compreendido como as coisas surgem de suas causas e condições interiores e exteriores e que não têm existência independente, então, simplesmente ver ou pensar sobre a produção dos fenômenos irá nos recordar sua vacuidade. Em vez de reforçar nossa sensação da solidez e objetividade das coisas, começaremos a ver as coisas como manifestações de sua vacuidade, com uma existência que não é mais concreta que a de um arco-íris surgindo em um céu vazio.

Assim como a produção das coisas depende de causas e condições, o mesmo acontece com a desintegração das coisas. Portanto, nem a produção nem a desintegração podem ser verdadeiramente existentes. Por exemplo, se nosso carro novo for destruído, iremos nos sentir infelizes porque nos aferramos a ambos, tanto ao carro quanto à desintegração do carro, como verdadeiramente existentes; mas, se compreendermos que o nosso carro é meramente uma aparência para a nossa mente, como um carro em um sonho, sua destruição não irá nos perturbar. Isso é verdade para todos os objetos do nosso apego: se realizarmos que ambos, tanto os objetos quanto suas cessações, carecem de existência verdadeira, não haverá base para ficarmos perturbados se formos separados deles.

Todas as coisas funcionais – os nossos ambientes, prazeres, corpo, mente e o nosso self – mudam momento a momento. Elas são impermanentes no sentido de que não duram sequer por um instante – nem mesmo até o instante seguinte. O livro que você está lendo neste instante não é o mesmo livro que você estava lendo um instante atrás, e ele apenas pôde vir à existência porque o livro do instante anterior cessou de existir. Quando compreendermos a impermanência sutil – que o nosso corpo, a nossa mente, o nosso self e assim por diante não permanecem sequer por um instante – não será difícil compreender que eles são vazios de existência inerente.

Embora possamos concordar que os fenômenos impermanentes são vazios de existência inerente, poderíamos pensar que os fenômenos permanentes, sendo imutáveis e não surgindo de causas e condições, precisariam existir inerentemente. No entanto, mesmo os fenômenos permanentes, como a vacuidade e o espaço não produzido – a mera ausência de obstrução física – são fenômenos dependente-relacionados porque dependem de suas partes, de suas bases e das mentes que os imputam; portanto, eles não são inerentemente existentes. Embora a vacuidade seja a realidade última, ela não é independente ou inerentemente existente porque ela também depende de suas partes, de suas bases e das mentes que a imputam. Assim como uma moeda de ouro não existe separada de seu ouro, a vacuidade do nosso corpo não existe separada de nosso corpo porque ela é, simplesmente, a carência de existência inerente do nosso corpo.

Sempre que vamos a algum lugar, desenvolvemos o pensamento "eu estou indo", e agarramo-nos a um ato de ir inerentemente existente. De modo semelhante, quando alguém vem nos visitar, pensamos "eles estão vindo", e agarramo-nos a um ato de vir inerentemente existente. Ambas essas concepções são agarramento ao em-si e percepções errôneas. Quando alguém vai embora, sentimos que uma pessoa verdadeiramente existente saiu de verdade, e quando alguém volta, sentimos que uma pessoa verdadeiramente existente retornou de verdade. No entanto, o ir e vir das pessoas são como o aparecimento e o desaparecimento de um arco-íris no céu. Quando as causas e as condições para um arco-íris aparecer estão reunidas, um arco-íris aparece, e quando as causas e as condições para o arco-íris continuar aparecendo se dispersam, o arco-íris desaparece; mas o arco-íris não veio de lugar algum, nem foi para lugar algum.

Quando observamos um objeto, como o nosso *eu*, sentimos fortemente que ele é uma entidade única e indivisível e que a sua singularidade é inerentemente existente. Entretanto, em realidade, nosso *eu* tem muitas partes, como as partes que olham, ouvem, andam e pensam, ou, por exemplo, as partes que são uma professora, uma mãe, uma filha e uma esposa. O nosso *eu* é imputado na coleção de todas essas partes. Cada fenômeno individual é uma singularidade, mas sua singularidade é meramente imputada, do mesmo modo que um exército é meramente imputado à coleção de soldados, ou uma floresta é imputada à coleção de árvores.

O QUE É A VACUIDADE?

Quando vemos mais que um objeto, consideramos a multiplicidade desses objetos como inerentemente existente. No entanto, assim como uma singularidade é meramente imputada, a pluralidade é, do mesmo modo, apenas uma imputação da mente e não existe do lado do objeto. Por exemplo, em vez de olhar para uma coleção de soldados ou de árvores do ponto de vista dos soldados ou das árvores individuais, poderíamos vê-los como um exército ou uma floresta, isto é, como uma coleção singular – ou totalidade – e, nesse caso, estaríamos olhando para uma singularidade ao invés de uma pluralidade.

Em resumo, uma singularidade não existe do seu próprio lado porque é apenas imputada a uma pluralidade – as suas partes. Do mesmo modo, uma pluralidade não existe do seu próprio lado porque ela é apenas imputada a uma singularidade – a coleção de suas partes. Portanto, singularidade e pluralidade são meras imputações feitas pela mente conceitual e carecem de existência verdadeira. Se realizarmos isso de modo claro, não haverá base para desenvolver apego e raiva em relação a objetos, sejam singulares ou plurais. Por exemplo, tendemos a projetar as falhas ou qualidades de uns poucos sobre muitos e, então, desenvolvemos ódio ou apego com base na raça (ou etnia), religião ou país. Contemplar a vacuidade da singularidade e da pluralidade pode ser útil na redução desse tipo de ódio e apego.

Embora a produção, desintegração e assim por diante existam, elas não existem inerentemente. São as nossas mentes conceituais da ignorância do agarramento ao em-si que se agarram a elas como inerentemente existentes. Essas concepções agarram-se aos oito extremos: produção inerentemente existente, desintegração inerentemente existente, impermanência inerentemente existente, permanência inerentemente existente, ir inerentemente existente, vir inerentemente existente, singularidade inerentemente existente e pluralidade inerentemente existente. Embora esses extremos não existam, devido a nossa ignorância estamos sempre nos agarrando a eles. As concepções desses extremos encontram-se na raiz de todas as demais delusões e, porque as delusões dão origem as nossas ações contaminadas, que nos mantêm confinados na prisão do samsara, essas concepções são a raiz do samsara, o ciclo de vida impura.

A produção inerentemente existente é o mesmo que a produção que normalmente vemos, e devemos reconhecer que, em realidade, nenhuma das duas existe. O mesmo vale para os demais sete extremos. Por exemplo, a desintegração e destruição inerentemente existentes e a desintegração e destruição que normalmente vemos são o mesmo, e devemos reconhecer que nenhuma delas existe. As nossas mentes que se agarram a esses oito extremos são diferentes aspectos da nossa ignorância do agarramento ao em-si. Como é a nossa ignorância do agarramento ao em-si que nos faz vivenciar sofrimentos e problemas sem-fim, quando essa ignorância cessar permanentemente por meio da meditação na vacuidade de todos os fenômenos, todo o nosso sofrimento desta vida e das incontáveis vidas futuras cessará permanentemente e realizaremos o verdadeiro sentido da vida humana.

O tópico dos oito extremos é profundo e requer explicação detalhada e estudo prolongado. Buda explicou-os em detalhes nos *Sutras Perfeição de Sabedoria*. Em *Sabedoria Fundamental*, um comentário aos *Sutras Perfeição de Sabedoria*, Nagarjuna também utilizou raciocínios muito profundos e poderosos para provar que os oito extremos não existem, mostrando de que modo todos os fenômenos são vazios de existência inerente. Por analisar as verdades convencionais, Nagarjuna estabeleceu a natureza última delas e mostrou porque é necessário compreender ambas as naturezas, convencional e última, de um objeto a fim de compreendê-lo plenamente.

VERDADE CONVENCIONAL E VERDADE ÚLTIMA

Qualquer coisa que existe é ou uma verdade convencional ou uma verdade última e, já que a verdade última refere-se apenas à vacuidade, tudo mais, exceto a vacuidade, é uma verdade convencional. Por exemplo, coisas como casas, carros e mesas são, todas elas, verdades convencionais.

O QUE É A VACUIDADE?

Todas as verdades convencionais são objetos falsos porque o modo como elas aparecem não corresponde ao modo como existem. Se alguém se mostra amigável e bondoso, mas sua verdadeira intenção é ganhar nossa confiança para nos roubar, podemos dizer que ele é falso ou enganoso porque há uma discrepância entre o modo como ele aparece e sua verdadeira natureza. De modo semelhante, objetos, como formas e sons, são falsos ou enganosos porque eles aparecem como existindo inerentemente, mas, em realidade, são totalmente destituídos de existência inerente. Porque o modo como aparecem não coincide com o modo como existem, as verdades convencionais são conhecidas como "fenômenos enganosos". Uma xícara, por exemplo, aparece como existindo independentemente de suas partes, de suas causas e da mente que a apreende, mas, em realidade, a xícara depende totalmente dessas coisas. Porque o modo como a xícara aparece para a nossa mente não corresponde ao modo como ela existe, a xícara é um objeto falso.

Embora as verdades convencionais sejam objetos falsos, no entanto, elas existem porque uma mente que percebe diretamente uma verdade convencional é uma mente válida, uma mente completamente confiável. Por exemplo, uma consciência visual que percebe diretamente uma xícara sobre a mesa é uma mente válida porque ela não irá nos enganar – se alcançarmos a xícara para pegá-la, nós a encontraremos onde a nossa consciência visual a vê. A esse respeito, uma consciência visual que percebe uma xícara sobre a mesa é diferente da consciência visual que, equivocadamente, considera o reflexo de uma xícara em um espelho como sendo uma xícara de verdade, ou uma consciência visual que vê uma miragem como se fosse água. Ainda que a xícara seja um objeto falso, a consciência visual que a percebe diretamente é, para fins práticos, uma mente válida e confiável. No entanto, embora seja uma mente válida, ainda assim é uma percepção equivocada na medida em que a xícara aparece para a mente como sendo verdadeiramente existente. Ela é válida e não enganosa com respeito às características convencionais da xícara – sua posição, tamanho, cor e assim por diante – mas equivocada com respeito ao modo como aparece.

Em resumo, os objetos convencionais são falsos porque, embora apareçam como se existissem do seu próprio lado, em realidade eles são meras aparências à mente, como coisas vistas em um sonho. Dentro do contexto de um sonho, no entanto, os objetos sonhados têm uma validade relativa, e isso os distingue dos objetos que não existem de modo algum. Suponha que, em um sonho, roubemos um diamante e que alguém nos pergunte se fomos nós que o roubamos. Apesar de o sonho ser meramente uma criação de nossa mente, se respondermos "sim" estaremos dizendo a verdade, ao passo que, se respondermos "não", estaremos dizendo uma mentira. Do mesmo modo, apesar de, em realidade, o universo inteiro ser apenas uma aparência à mente, podemos fazer, dentro do contexto da experiência dos seres comuns, uma distinção entre verdades relativas e falsidades relativas.

As verdades convencionais podem ser classificadas em verdades convencionais densas e verdades convencionais sutis. Podemos compreender de que modo todos os fenômenos têm esses dois níveis de verdade convencional considerando o exemplo de um carro. O carro ele próprio, o carro que depende de suas causas e o carro que depende de suas partes são, todos, verdades convencionais densas do carro. Elas são denominadas "densas" porque são relativamente fáceis de compreender. O carro que depende de sua base de imputação é mais sutil e não é fácil de compreender, mas, ainda assim, é uma verdade convencional densa. A base de imputação do carro são as partes do carro. Para apreender *carro*, as partes do carro precisam aparecer para a nossa mente; sem que as partes apareçam, não há como desenvolver o pensamento "carro". Por essa razão, as partes são a base de imputação do carro. Dizemos "eu vejo um carro", mas, rigorosamente falando, tudo o que de fato vemos são partes do carro. No entanto, quando desenvolvemos o pensamento "carro" ao ver suas partes, vemos o carro. Não existe carro que não as suas partes, não existe corpo que não as suas partes, e assim por diante. O carro que existe meramente como uma imputação do pensamento é a verdade convencional sutil do carro. Compreenderemos isso quando realizarmos que o carro é nada mais do que uma mera imputação feita por uma mente válida. Não podemos compreender as verdades convencionais sutis a menos que tenhamos compreendido a vacuidade. Quando realizarmos por completo a verdade convencional sutil, teremos realizado ambas as verdades – a verdade convencional e a verdade última.

Rigorosamente falando, *verdade*, *verdade última* e *vacuidade* são sinônimos porque as verdades convencionais não são verdades reais, mas objetos falsos. Elas são verdades apenas para as mentes daqueles que não realizaram a vacuidade. Somente a vacuidade é verdadeira, pois apenas a vacuidade existe do modo como aparece. Quando a mente de qualquer ser senciente percebe diretamente verdades convencionais, como formas etc., elas aparecem como que existindo do seu próprio lado. No entanto, quando a mente de um ser superior percebe diretamente a vacuidade, nada aparece além da vacuidade; essa mente está totalmente misturada com a mera ausência de existência inerente dos fenômenos. O modo pelo qual a vacuidade aparece para a mente de um percebedor direto não conceitual corresponde exatamente ao modo pelo qual a vacuidade existe.

Deve-se observar que, embora a vacuidade seja uma verdade última, ela não é inerentemente existente. A vacuidade não é uma realidade separada, existindo por detrás das aparências convencionais, mas a verdadeira natureza dessas aparências. Não podemos falar sobre a vacuidade isoladamente, porque a vacuidade é sempre a mera ausência de existência inerente de algo. Por exemplo, a vacuidade do nosso corpo é a ausência de existência inerente do nosso corpo e, sem o nosso corpo como sua base, essa vacuidade não pode existir. Como a vacuidade depende necessariamente de uma base, ela carece de existência inerente.

No *Guia do Estilo de Vida do Bodhisattva*, Shantideva define a verdade última como um fenômeno que é verdadeiro para a mente incontaminada de um ser superior. Uma mente incontaminada é uma mente que realiza a vacuidade diretamente. Essa mente é a única percepção inequívoca e os seres superiores são os únicos que as têm. Como as mentes incontaminadas são totalmente inequívocas, qualquer coisa percebida diretamente por elas como verdadeira é, necessariamente, uma verdade última. Em contrapartida, qualquer coisa diretamente percebida como verdadeira pela mente de um ser comum, necessariamente não é uma verdade última, porque todas as mentes dos seres comuns são equivocadas, e mentes equivocadas nunca podem perceber a verdade diretamente.

Devido às marcas dos pensamentos conceituais que se agarram aos oito extremos, tudo o que aparece para as mentes dos seres comuns aparece como sendo inerentemente existente. Apenas a sabedoria do equilíbrio meditativo que realiza diretamente a vacuidade não é maculada pelas marcas, ou manchas, dos pensamentos conceituais. Essa é a única sabedoria que não tem aparência equivocada.

Quando um Bodhisattva superior medita na vacuidade, ele (ou ela) mistura por completo sua mente com a vacuidade, sem nenhuma aparência de existência inerente. Ele desenvolve uma sabedoria incontaminada, totalmente pura, que é a bodhichitta última. No entanto, quando ele sai do equilíbrio meditativo, os fenômenos convencionais aparecem novamente como inerentemente existentes para a sua mente devido às marcas do agarramento-ao-verdadeiro, e a sua sabedoria incontaminada torna-se temporariamente não manifesta. Apenas um Buda pode manifestar sabedoria incontaminada ao mesmo tempo em que percebe diretamente verdades convencionais. Uma qualidade incomum de um Buda é que um único instante de sua mente realiza, direta e simultaneamente, ambas as verdades – a convencional e a última. Existem muitos níveis de bodhichitta última. Por exemplo, a bodhichitta última obtida pela prática tântrica é mais profunda que a desenvolvida apenas pela prática de Sutra, e a bodhichitta última suprema é a de um Buda.

Se, por meio de raciocínios válidos, realizarmos a mera ausência do primeiro extremo, o extremo da produção, seremos capazes de facilmente realizar a mera ausência dos demais sete extremos. Uma vez que tenhamos realizado a mera ausência que é vazia dos oito extremos, teremos realizado a vacuidade de todos os fenômenos. Tendo obtido essa realização, continuamos a contemplar e a meditar na vacuidade dos fenômenos produzidos e assim por diante e, à medida que nossas meditações se tornarem mais profundas, sentiremos todos os fenômenos se dissolvendo na vacuidade. Seremos então capazes de manter uma concentração estritamente focada na vacuidade de todos os fenômenos.

Para meditar na vacuidade dos fenômenos produzidos, pensamos:

O meu self, que nasceu como um ser humano devido a causas e condições, é impossível de ser encontrado dentro de meu corpo e de minha mente, ou separado de meu corpo e mente, quando o procuro com sabedoria. Isso prova que o meu self que normalmente vejo não existe de modo algum.

Tendo contemplado desse modo, sentimos que o nosso self que normalmente vemos desaparece e percebemos uma vacuidade semelhante-ao-espaço, que é a mera ausência do nosso self que normalmente vemos. Sentimos que a nossa mente entra nessa vacuidade semelhante-ao-espaço e nela permanece, de modo estritamente focado. Essa meditação é denominada "equilíbrio meditativo na vacuidade semelhante-ao-espaço".

Assim como as águias planam através da vasta extensão do céu sem encontrarem nenhum obstáculo, precisando apenas de um esforço mínimo para manterem seu voo, meditadores avançados concentrados na vacuidade podem meditar na vacuidade por um longo tempo, com pequeno esforço. A mente desses meditadores paira pela vacuidade semelhante-ao-espaço, sem se distraírem por qualquer outro fenômeno. Quando meditamos na vacuidade, devemos tentar emular esses meditadores. Uma vez que tenhamos encontrado nosso objeto de meditação – a mera ausência do nosso self que normalmente vemos – devemos restringir qualquer análise e, simplesmente, repousar nossa mente na experiência dessa vacuidade. De tempos em

Dorjechang Trijang Rinpoche

tempos, devemos verificar para nos certificarmos de que não perdemos nem a clara aparência da vacuidade nem o reconhecimento de seu significado, mas não devemos verificar muito intensamente, pois isso irá perturbar nossa concentração. Nossa meditação não deve ser como o voo de um passarinho, que nunca para de bater suas asas e está sempre mudando de direção, mas como o voo de uma águia, que plana gentilmente com apenas alguns ajustes ocasionais em suas asas. Meditando desse modo, sentiremos nossa mente se dissolvendo e se unificando com a vacuidade.

Se formos bem sucedidos ao fazer isso, então, durante a sessão de meditação, ficaremos livres do agarramento ao em-si do próprio *eu* manifesto. Se, por outro lado, levarmos todo o nosso tempo verificando e analisando, nunca permitindo que a nossa mente relaxe no espaço da vacuidade, nunca iremos obter essa experiência e a nossa meditação não irá servir para reduzir o nosso agarramento ao em-si do próprio *eu*.

Em geral, precisamos melhorar nossa compreensão da vacuidade por meio de extenso estudo, abordando-a a partir de vários ângulos e usando muitas linhas diferentes de raciocínio. É importante, também, nos familiarizarmos totalmente com uma única meditação completa sobre a vacuidade, por meio de contínua contemplação, entendendo exatamente como usar os raciocínios que conduzem a uma experiência da vacuidade. Podemos, então, nos concentrar de modo estritamente focado na vacuidade e tentar misturar nossa mente com ela, como água misturando-se com água.

A UNIÃO DAS DUAS VERDADES

A união das duas verdades significa que as verdades convencionais (como o nosso corpo) e as verdades últimas (como a vacuidade do nosso corpo) são a mesma natureza. Quando algo, como o nosso corpo, aparece para nós, tanto o corpo quanto o corpo inerentemente existente aparecem simultaneamente. Isso é aparência dual, que é uma aparência equivocada sutil. Apenas os Budas são livres dessas aparências equivocadas. O principal propósito de compreender e meditar na união das duas verdades é impedir as aparências duais – aparências de existência inerente para a mente que está meditando na vacuidade – e, por meio disso, tornar nossa mente capaz de se dissolver na vacuidade. Uma vez que consigamos fazer isso, nossa meditação na vacuidade irá se tornar muito poderosa para eliminar as nossas delusões. Se identificarmos e negarmos de modo correto o corpo inerentemente existente, o corpo que normalmente vemos, e meditarmos com forte concentração na mera ausência desse corpo, sentiremos o nosso corpo normal se dissolvendo na vacuidade. Compreenderemos que a verdadeira natureza de nosso corpo é vacuidade e que o nosso corpo é meramente uma manifestação da vacuidade.

A vacuidade é como o céu, e o nosso corpo é como o azul do céu. Assim como o azul é uma manifestação do próprio céu e não pode ser separado dele, o nosso corpo "semelhante" ao azul do céu é, simplesmente, uma manifestação do "céu" de sua vacuidade e não pode ser separado dele. Se compreendermos e realizarmos isso, quando nos focarmos na vacuidade do nosso corpo sentiremos que nosso corpo se dissolve em sua natureza última. Desse modo, poderemos facilmente superar a aparência convencional do corpo em nossas meditações e nossa mente irá se misturar, de modo natural, com a vacuidade.

No *Sutra Coração*, o Bodhisattva Avalokiteshvara diz: "Forma não é algo que não vacuidade". Isso significa que os fenômenos convencionais, como o nosso corpo, não existem separados de sua vacuidade. Quando meditamos na vacuidade do nosso corpo com esse entendimento, compreendemos que a vacuidade que aparece para a nossa mente é a verdadeira natureza do nosso corpo, e que não existe corpo separado dessa vacuidade. Meditar desse modo enfraquecerá em muito a nossa mente de agarramento ao em-si. Se realmente acreditarmos que o nosso corpo e sua vacuidade são a mesma natureza, nosso agarramento ao em-si irá se enfraquecer, definitivamente.

Embora possamos classificar as vacuidades a partir do ponto de vista de suas bases e falar sobre a vacuidade do corpo, a vacuidade do eu e assim por diante, em verdade todas as vacuidades são a mesma natureza. Se olharmos para dez garrafas, poderemos distinguir dez espaços diferentes – o espaço que está dentro de cada garrafa; mas, em realidade, esses espaços são de mesma natureza; e, se quebrarmos as garrafas, os espaços irão se tornar indistinguíveis.

Do mesmo modo, embora possamos falar da vacuidade do corpo, da vacuidade da mente, da vacuidade do eu e assim por diante, em realidade essas vacuidades são a mesma natureza e são indistinguíveis. O único modo pelo qual elas podem ser distinguidas é por suas bases convencionais.

Há dois benefícios principais em compreender que todas as vacuidades são a mesma natureza: na sessão de meditação, nossa mente irá se misturar mais facilmente com a vacuidade e, no intervalo entre meditações, seremos capazes de perceber todas as aparências como equivalentes – ou seja, como manifestações de suas vacuidades.

Enquanto sentirmos que há uma distância entre a nossa mente e a vacuidade – que a nossa mente está *aqui* e a vacuidade está *ali* – nossa mente não irá se misturar com a vacuidade. Compreender que todas as vacuidades são a mesma natureza ajuda a reduzir essa distância. Na vida comum, experienciamos muitos objetos diferentes – bons e maus, atraentes e não atraentes – e nossos sentimentos diferem em relação a eles. Como sentimos que as diferenças existem do lado dos objetos, nossa mente fica desequilibrada e desenvolvemos apego por objetos atraentes, aversão por objetos não atraentes e indiferença por objetos neutros. É muito difícil misturar uma mente desequilibrada como essa com a vacuidade. Para misturar nossa mente com a vacuidade precisamos saber que, embora os fenômenos apareçam sob muitos aspectos diferentes, em essência eles são vazios. As diferenças que vemos são apenas aparências para mentes equivocadas; do ponto de vista da verdade última, todos os fenômenos são iguais na vacuidade. Para um meditador qualificado, absorto de modo estritamente focado na vacuidade, não há diferença entre produção e desintegração, impermanência e permanência, ir e vir, singularidade e pluralidade – tudo é igual na vacuidade, e todos os problemas de apego, raiva e ignorância do agarramento ao em-si encontram-se solucionados. Nessa experiência, tudo se torna muito pacífico e confortável, equilibrado e harmonioso, alegre e maravilhoso. Não há calor nem frio, nem baixo nem alto, não há aqui nem ali, não há self nem outro, não há samsara – tudo é igual na paz da vacuidade. Essa realização é denominada "o ioga de equalizar o samsara e o nirvana" e é explicada em detalhe tanto nos Sutras quanto nos Tantras.

Já que todas as vacuidades são a mesma natureza, a natureza última de uma mente que está meditando na vacuidade é a mesma natureza que a natureza última de seu objeto. Quando meditamos pela primeira vez na vacuidade, nossa mente e a vacuidade aparecem como sendo dois fenômenos separados, mas, quando compreendermos que todas as vacuidades são a mesma natureza, compreenderemos que esse sentimento de separação é apenas a experiência de uma mente equivocada. Em realidade, a nossa mente e a vacuidade são, basicamente, um mesmo sabor. Se aplicarmos essa compreensão em nossas meditações, ela irá ajudar a impedir a aparência da natureza convencional da nossa mente e permitir que nossa mente se dissolva na vacuidade.

Tendo misturado nossa mente com a vacuidade, experienciaremos igualmente todos os fenômenos como manifestações de suas vacuidades quando sairmos da meditação. Em vez de sentir que os objetos atraentes, não atraentes e neutros que vemos são inerentemente diferentes, iremos compreender que, em essência, eles são a mesma natureza. Do mesmo que, no oceano, a mais suave e a mais violenta das ondas são igualmente água, tanto as formas atraentes quanto as não atraentes ou repulsivas são, igualmente, manifestações da vacuidade. Compreendendo e realizando isso, nossa mente irá se tornar equilibrada e pacífica. Reconheceremos todas as aparências convencionais como sendo o teatro mágico da mente e não iremos nos aferrar fortemente as suas diferenças aparentes.

Quando Milarepa ensinou, certa vez, a vacuidade para uma mulher, ele comparou a vacuidade com o céu e as verdades convencionais com as nuvens, e disse a ela para meditar sobre o céu. Ela seguiu suas instruções com grande sucesso, mas ela tinha um problema: quando meditava a respeito do "céu" da vacuidade, tudo desaparecia, e ela não conseguia entender como os fenômenos podiam existir convencionalmente. A mulher disse a Milarepa: "Acho fácil meditar sobre o céu, mas difícil explicar a existência das nuvens. Por favor, ensina-me como meditar a respeito das nuvens". Milarepa respondeu: "Se tua meditação no céu estiver indo bem, as nuvens não serão um problema. As nuvens simplesmente aparecem no céu – elas surgem do céu e se dissolvem de novo no céu. À medida que tua experiência do céu se aperfeiçoar, naturalmente virás a compreender as nuvens".

Em tibetano, a palavra utilizada para designar tanto o céu quanto o espaço é "namkha", embora *espaço* seja diferente de *céu*. Existem dois tipos de espaço: o espaço produzido e o espaço não produzido. O espaço produzido é o espaço visível que podemos ver dentro de um quarto ou no céu. Esse espaço pode se tornar escuro à noite e claro durante o dia; e como esse espaço passa por mudanças, ele é, por esse motivo, um fenômeno impermanente. A propriedade característica do espaço produzido é que ele não obstrui objetos: se há espaço em um quarto, podemos colocar objetos nesse quarto, sem obstrução. De modo semelhante, pássaros podem voar pelo espaço do céu porque o céu carece de obstrução, ao passo que eles não podem voar através de uma montanha! Por essa razão, fica claro que o espaço produzido carece, ou é vazio, de contato obstrutivo. Essa mera carência, ou vazio, de contato obstrutivo é o espaço não produzido.

Como o espaço não produzido é a mera ausência de contato obstrutivo, ele não pode passar por mudanças momentâneas – ou seja, instante a instante; por essa razão, o espaço não produzido é um fenômeno permanente. Ao passo que o espaço produzido é visível e mais fácil de ser compreendido, o espaço não produzido é a mera ausência de contato obstrutivo e, por isso, muito mais sutil. No entanto, uma vez que compreendamos o espaço não produzido, acharemos mais fácil compreender a vacuidade.

A única diferença entre a vacuidade e o espaço não produzido são os seus objetos negados. O objeto negado do espaço não produzido é o contato obstrutivo, ao passo que o objeto negado pela vacuidade é a existência inerente. Como o espaço não produzido é a melhor analogia para compreender a vacuidade, ele é utilizado nos Sutras e em muitas escrituras. O espaço não produzido é um fenômeno negativo não afirmativo – um fenômeno que é realizado por uma mente que meramente elimina seu objeto negado sem que estabeleça ou realize outro fenômeno positivo. O espaço produzido é um fenômeno afirmativo, ou positivo – um fenômeno que é realizado sem que a mente elimine explicitamente um objeto negado. Mais detalhes sobre esses dois tipos de fenômeno podem ser encontrados nos livros *Novo Coração de Sabedoria* e *Oceano de Néctar*.

A PRÁTICA DA VACUIDADE EM NOSSAS ATIVIDADES DIÁRIAS

Em nossas atividades diárias, devemos acreditar que todas as aparências são ilusórias. Embora as coisas apareçam para nós como inerentemente existentes, devemos lembrar que essas aparências são enganosas e que, em realidade, as coisas que normalmente vemos não existem. No *Sutra Rei da Concentração*, Buda diz:

> Um mágico cria várias coisas
> Como cavalos, elefantes e assim por diante.
> Suas criações não existem verdadeiramente;
> Deves conhecer todas as coisas do mesmo modo.

As duas últimas linhas dessa estrofe significam que, assim como sabemos que cavalos e elefantes criados por um mágico não existem, devemos saber que, do mesmo modo, todas as coisas que normalmente vemos não existem de fato. Este capítulo "*O que é a Vacuidade?*" explicou extensivamente como todas as coisas que normalmente vemos não existem.

Quando um mágico cria um cavalo ilusório, um cavalo aparece de modo muito claro para a sua mente, mas ele sabe que o cavalo é apenas uma ilusão. De fato, a própria aparição do cavalo faz com que o mágico se dê conta de que não há cavalo algum a sua frente.

Do mesmo modo, quando estivermos muito familiarizados com a vacuidade, o simples fato de que as coisas aparecem como sendo inerentemente existentes irá nos recordar que elas não são inerentemente existentes. Portanto, devemos reconhecer que tudo o que aparece para nós em nossa vida diária é como uma ilusão e carece de existência inerente. Desse modo, nossa sabedoria crescerá dia após dia, e nossa ignorância do agarramento ao em-si e demais delusões naturalmente diminuirão.

Entre as sessões de meditação, devemos ser como um ator. Quando um ator interpreta o papel de um rei, ele se veste, fala e age como um rei, mas ele sabe o tempo todo que não é um rei de verdade. Do mesmo modo, devemos viver e agir no mundo convencional lembrando sempre que nós mesmos, nosso ambiente e as pessoas ao nosso redor que normalmente vemos não existem de modo algum.

Se pensarmos assim, seremos capazes de viver no mundo convencional sem nos agarrarmos a ele. Vamos tratá-lo com leveza e teremos flexibilidade mental para reagir a qualquer situação de modo construtivo. Compreendendo que tudo o que aparece para a nossa mente é mera aparência, quando objetos atraentes aparecerem, não iremos nos aferrar a eles e não desenvolveremos apego, e, quando objetos não atraentes aparecerem, não iremos nos aferrar a eles e não desenvolveremos aversão ou raiva.

Em *Treinar a Mente em Sete Pontos*, Geshe Chekhawa diz: "Pense que todos os fenômenos são como sonhos". Algumas das coisas que vemos em nossos sonhos são bonitas e algumas são feias, mas todas elas são meras aparências para a nossa mente de sonho. Elas não existem do seu próprio lado e são vazias de existência inerente. O mesmo vale para os objetos que percebemos quando estamos acordados – eles também são meras aparências para a mente e carecem de existência inerente.

Todos os fenômenos carecem de existência inerente. Quando olhamos para um arco-íris, ele aparece como se ocupasse um determinado lugar no espaço, parecendo que, se fôssemos em busca dele, seríamos capazes de encontrar o lugar onde o arco-íris toca o chão. No entanto, sabemos que, por mais que procuremos, nunca seremos capazes de encontrar o fim do arco-íris, pois, tão logo cheguemos ao lugar onde vimos o arco-íris tocar o chão, o arco-íris terá desaparecido. Se não procurarmos pelo arco-íris, o arco-íris aparece claramente; mas, quando procuramos pelo arco--íris, o arco-íris não se encontra lá. Todos os fenômenos são assim. Se não os analisarmos, eles aparecerão claramente; mas quando fazemos uma busca analítica por eles, tentando isolá-los de tudo mais, eles não são encontrados.

Se alguma coisa existisse inerentemente e a investigássemos, separando-a de todos os demais fenômenos, seríamos capazes de encontrá-la. No entanto, todos os fenômenos são como arco-íris: se procurarmos por eles, nunca iremos encontrá-los. A princípio, é possível que achemos essa ideia muito desconfortável e difícil de aceitar, mas isso é muito natural. Com mais familiaridade, acharemos esses raciocínios mais aceitáveis e, por fim, compreenderemos e realizaremos que isso é verdadeiro.

É importante compreender que a vacuidade não significa um nada, uma inexistência. Embora as coisas não existam do seu próprio lado, independentes da mente, elas existem no sentido de serem conhecidas por uma mente válida. O mundo que experienciamos quando estamos acordados é semelhante ao mundo que experienciamos quando estamos sonhando. Não podemos dizer que as coisas sonhadas não existem, mas se acreditarmos que elas existem para além de meras aparências à mente, existindo "lá fora", então estaremos equivocados e descobriremos isso quando acordarmos.

Como foi mencionado anteriormente, não há melhor método para experienciar paz mental e felicidade do que compreender e meditar na vacuidade. Já que o nosso agarramento ao em-si é o que nos mantém confinados à prisão do samsara e é a fonte de todo o nosso sofrimento, a meditação na vacuidade é a solução universal para todos os nossos problemas. É o remédio que cura todas as doenças físicas e mentais e é o néctar que concede a felicidade duradoura do nirvana e da iluminação.

UM TREINO SIMPLES EM BODHICHITTA ÚLTIMA

Começamos pensando:

Eu preciso obter a iluminação para beneficiar diretamente todos e cada um dos seres vivos, todos os dias. Com este propósito, vou obter uma realização direta do modo como as coisas realmente são.

Com essa motivação de bodhichitta, contemplamos:

Normalmente, vejo o meu corpo dentro de suas partes – as mãos, as costas e assim por diante – mas nem as partes individuais nem a coleção das partes são o meu corpo, porque elas são as partes do meu corpo e não o corpo em si. No entanto, não existe "meu corpo" para além de suas partes. Deste modo, ao procurar o meu corpo com sabedoria, realizo que o meu corpo é impossível de ser encontrado. Essa é uma razão válida para provar que o meu corpo que normalmente vejo não existe de modo algum.

Contemplando este ponto, tentamos perceber a mera ausência do corpo que normalmente vemos. Essa mera ausência do corpo que normalmente vemos é a vacuidade do nosso corpo e meditamos nessa vacuidade, de modo estritamente focado, pelo maior tempo possível.

Devemos praticar continuamente essa contemplação e meditação e, então, passar para a próxima etapa, a meditação na vacuidade do nosso self. Devemos contemplar e pensar:

Normalmente, vejo meu self dentro do meu corpo e mente, mas nem o meu corpo, nem a minha mente, nem a coleção do meu corpo e mente são o meu self porque eles são minhas posses e o meu self é o possuidor; e possuidor e posses não podem ser o mesmo. No entanto, não existe "meu self" para além do meu corpo e mente. Procurando com sabedoria pelo meu self desse modo, realizo que meu self é impossível de ser encontrado. Essa é uma razão válida para provar que meu self que normalmente vejo não existe de modo algum.

Contemplando este ponto, tentamos perceber a mera ausência do nosso self que normalmente vemos. Essa mera ausência do nosso self que normalmente vemos é a vacuidade do nosso self e meditamos nessa vacuidade de modo estritamente focado pelo maior tempo possível.

Devemos praticar continuamente essa contemplação e meditação e, então, passar para a próxima etapa, a meditação na vacuidade de todos os fenômenos. Devemos contemplar e pensar:

Assim como meu corpo e o meu self, todos os demais fenômenos são impossíveis de serem encontrados quando os procuro com sabedoria. Essa é uma razão válida para provar que todos os fenômenos que normalmente vejo ou percebo não existem de modo algum.

Contemplando este ponto, tentamos perceber a mera ausência de todos os fenômenos que normalmente vemos ou percebemos. Essa mera ausência de todos os fenômenos que normalmente vemos ou percebemos é a vacuidade de todos os fenômenos. Com a motivação de bodhichitta, meditamos continuamente nessa vacuidade de todos os fenômenos até sermos capazes de manter claramente nossa concentração por um minuto, toda vez que meditarmos nisso. A nossa concentração que possui essa habilidade é denominada "concentração do posicionamento da mente".

No segundo estágio, com a concentração do posicionamento da mente, meditamos continuamente na vacuidade de todos os fenômenos até sermos capazes de manter claramente nossa concentração por cinco minutos, toda vez que meditarmos nisso. A nossa concentração que possui essa habilidade é denominada "concentração do contínuo-posicionamento". No terceiro estágio, com a concentração do contínuo-posicionamento, meditamos continuamente na vacuidade de todos os fenômenos até sermos capazes de relembrar, imediatamente, o nosso objeto de meditação – a mera ausência de todos os fenômenos que normalmente vemos ou percebemos – sempre que o perdermos durante a meditação. A nossa concentração que possui essa habilidade é denominada "concentração do reposicionamento". No quarto estágio, com a concentração do reposicionamento, meditamos continuamente na vacuidade de todos os fenômenos até sermos capazes de manter claramente a nossa concentração durante toda a sessão de meditação, sem esquecer o objeto de meditação. A nossa concentração que possui essa habilidade é denominada "concentração do estreito-posicionamento". Nesse estágio, temos uma concentração muito clara e estável, focada na vacuidade de todos os fenômenos.

Então, com a concentração do estreito-posicionamento, meditamos continuamente na vacuidade de todos os fenômenos até obtermos, por fim, a concentração do tranquilo-permanecer focada na vacuidade, que nos faz experienciar maleabilidade física e mental e êxtase especiais. Com essa concentração do tranquilo-permanecer, desenvolveremos uma sabedoria especial que realiza muito claramente a vacuidade de todos os fenômenos. Essa sabedoria é denominada "visão superior". Meditando continuamente na concentração do tranquilo-permanecer associada com a visão superior, a nossa sabedoria da visão superior irá se transformar na sabedoria que realiza diretamente a vacuidade de todos os fenômenos. Essa realização direta da vacuidade é a bodhichitta última propriamente dita, efetiva. No momento em que alcançarmos a sabedoria da bodhichitta última, tornamo-nos um Bodhisattva superior. Como já mencionado anteriormente, a bodhichitta convencional tem a natureza da compaixão, e a bodhichitta última tem a natureza da sabedoria. Essas duas bodhichittas são como as duas asas de um pássaro, com as quais podemos voar e alcançar, muito rapidamente, o mundo iluminado.

Em *Conselhos do Coração de Atisha*, Atisha diz:

> Amigos, até que alcancem a iluminação, o professor espiritual é indispensável; portanto, confiem no sagrado Guia Espiritual.

Precisamos confiar em nosso Guia Espiritual até obtermos a iluminação. A razão para isso é muito simples. A meta suprema da vida humana é alcançar a iluminação e isso depende de recebermos continuamente as bênçãos especiais de Buda através do nosso Guia Espiritual. Buda alcançou a iluminação com a única intenção de conduzir todos os seres vivos pelas etapas do caminho à iluminação por meio de suas emanações. Quem é a sua emanação que está nos conduzindo pelas etapas do caminho à iluminação? Está claro que é o nosso professor espiritual atual que, sincera e corretamente, está nos conduzindo pelos caminhos da renúncia, bodhichitta e visão correta da vacuidade, dando esses ensinamentos e mostrando um exemplo prático de alguém que os está praticando sinceramente. Com essa compreensão, devemos acreditar fortemente que nosso Guia Espiritual é uma emanação de Buda e desenvolver e manter profunda fé nele ou nela.

Atisha também disse:

> Até que realizem a verdade última, ouvir é indispensável; portanto, ouçam as instruções do Guia Espiritual.

Mesmo se estivéssemos enxergando, equivocadamente, duas luas no céu, essa aparência equivocada nos faria lembrar que, em verdade, não há duas luas, mas apenas uma. De modo semelhante, se ao ver coisas inerentemente existentes nos lembrarmos de que não existem coisas inerentemente existentes, isso irá indicar que a nossa compreensão sobre a vacuidade, a verdade última, está correta. Até que a nossa compreensão da vacuidade seja perfeita e nos impeça de cair em um dos dois extremos (o extremo da existência e o extremo da não-existência) devemos ouvir, ler e contemplar as instruções do nosso Guia Espiritual. Uma explicação mais detalhada sobre confiar em nosso Guia Espiritual pode ser encontrada em *Caminho Alegre da Boa Fortuna*.

Como foi explicado anteriormente, o Mahamudra-Tantra é uma única mente que possui duas partes: (1) experiencia grande êxtase, e (2) realiza a vacuidade diretamente. Podemos realizar a primeira parte (experienciar grande êxtase) por meio dos ensinamentos tântricos de Buda, apresentados na Parte Um e na Parte Dois deste livro; e podemos realizar a segunda parte (realizar a vacuidade diretamente) por meio dos ensinamentos de Sutra dados por Buda, apresentados nesta Parte Três. Por meio disso, alcançaremos a realização do Mahamudra-Tantra, que nos dá um significado inconcebível para nossa vida.

Dorjechang Kelsang Gyatso Rinpoche

Dedicatória

Pelo poder das virtudes acumuladas por escrever este livro, que todos os sofrimentos rapidamente cessem, que toda felicidade e alegria aconteçam, e que o sagrado Dharma floresça para sempre.

Apêndice I

O Sentido Condensado do Comentário

O Sentido Condensado do Comentário

O comentário ao Mahamudra-Tantra tem três partes:

1. Introdução ao Tantra;
2. Como treinar o Mahamudra;
3. O que é a vacuidade?

Introdução ao Tantra tem seis partes:

1. Visão básica;
2. Intenção básica;
3. O que é o Tantra?;
4. O Tantra do estágio de geração;
5. O Tantra do estágio de conclusão;
6. O que é o Mahamudra?

O Tantra do estágio de conclusão tem seis partes:

1. O canal central;
2. A gota indestrutível;
3. O vento e a mente indestrutíveis;
4. Como meditar no canal central;
5. Como meditar na gota indestrutível;
6. Como meditar no vento e mente indestrutíveis.

Como treinar o Mahamudra tem duas partes:

1. Guia Preliminar;
2. As seis etapas do treino no Mahamudra.

Guia Preliminar tem oito partes:

1. Buscar refúgio;
2. Gerar a bodhichitta;
3. Visualização;
4. Convite;
5. A prática dos sete membros;
6. Oferenda do mandala;
7. Pedir aquisições das etapas do caminho;
8. Receber bênçãos.

A prática dos sete membros tem sete partes:

1. Pedir aos Guias Espirituais que permaneçam por um longo tempo;
2. Prostração;
3. Oferendas;
4. Purificação;
5. Regozijo;
6. Pedir aos seres sagrados que girem a Roda do Dharma;
7. Dedicatória.

Pedir aquisições das etapas do caminho tem duas partes:

1. A prece *Migtsema*;
2. Prece das Etapas do Caminho.

As seis etapas do treino no Mahamudra tem seis partes:

1. Identificar nossa própria mente;
2. Realizar nossa mente de modo direto;
3. Identificar nossa mente sutil;
4. Realizar nossa mente sutil de modo direto;
5. Identificar nossa mente muito sutil;
6. Realizar nossa mente muito sutil de modo direto.

APÊNDICE I: O SENTIDO CONDENSADO DO COMENTÁRIO

O que é a vacuidade tem nove partes:

1. O propósito de meditar na vacuidade;
2. A vacuidade do nosso corpo;
3. A vacuidade da nossa mente;
4. A vacuidade do nosso eu;
5. A vacuidade que é vazia dos oito extremos;
6. Verdade convencional e verdade última;
7. A união das duas verdades;
8. A prática da vacuidade em nossas atividades diárias;
9. Um treino simples em bodhichitta última.

Apêndice II

Uma Explicação dos Canais

Uma Explicação dos Canais

Existem três canais principais: o canal central, o canal direito e o canal esquerdo. O canal central é como a haste principal de um guarda-chuva, passando pelo centro de cada uma das rodas-canais, e os outros dois seguem-no de ambos os lados. O canal central é azul-pálido e tem quatro atributos: (1) é reto como o tronco de uma bananeira; (2) por dentro é vermelho-oleoso, como sangue puro; (3) é muito claro e transparente, como uma chama de vela; e (4) é muito macio e flexível, como uma pétala de lótus.

O canal central está localizado exatamente no meio entre as metades esquerda e direita do corpo, mais próximo das costas do que da frente. Imediatamente na frente da coluna está o canal da vida, que é muito grosso, e em frente a ele, o canal central. Ele começa no ponto entre as sobrancelhas, de onde ascende formando um arco até a coroa da cabeça e, então, desce em linha reta até a ponta do órgão sexual. Embora seu nome mais comum seja *canal central*, ele também é conhecido como "os dois abandonos" porque a reunião dos ventos dentro desse canal faz com que a atividade negativa associada com os ventos dos canais direito e esquerdo seja abandonada. Ele é também conhecido como "o canal da mente" e como "Rahu".

De ambos os lados do canal central estão os canais direito e esquerdo, sem nenhum espaço entre eles e o canal central. O canal direito é vermelho e o esquerdo é branco. O canal direito começa na ponta da narina direita e, o canal esquerdo, na ponta da narina esquerda. A partir daí, ambos ascendem formando um arco até a coroa da cabeça, por ambos os lados do canal central. Da coroa da cabeça até o umbigo, esses três principais canais são retos e adjacentes entre si. À medida que o canal esquerdo continua descendo abaixo do nível do umbigo, ele faz uma pequena curva à direita, separando-se levemente do canal central e voltando a se reunir com ele na ponta do órgão sexual. Ali, ele cumpre a função de reter e soltar esperma, sangue e urina. À medida que o canal direito continua abaixo do nível do umbigo, ele faz uma pequena curva à esquerda e termina na ponta do ânus, onde cumpre a função de reter e soltar fezes e assim por diante.

Outros nomes para o canal direito são "canal-sol", "canal da fala" e "canal do detentor subjetivo". Este último título indica que os ventos que fluem por esse canal dão origem à geração de concepções desenvolvidas em termos da mente subjetiva. Outros nomes para o canal esquerdo são "canal-lua", "canal do corpo" e "canal do objeto sustentado". Este último título indica que os ventos que fluem por esse canal dão origem à geração de concepções desenvolvidas em termos do objeto.

Os canais direito e esquerdo enrolam-se em torno do canal central em vários pontos, formando os chamados "nós do canal". Os quatro lugares onde esses nós ocorrem são, em ordem ascendente: a roda-canal do umbigo, a roda-canal do coração, a roda-canal da garganta e a roda-canal da coroa. Em cada um desses pontos, exceto no coração, há um nó duplo formado por uma única volta do canal direito e uma única volta do esquerdo. Assim que os canais direito e esquerdo sobem até esses pontos, eles se enrolam no canal central cruzando-o na frente e, depois, dando uma volta ao seu redor. Então, eles continuam para cima até o nó seguinte. Ao nível do coração, a mesma coisa acontece; só que, aqui, há um nó sêxtuplo formado por três voltas superpostas de cada um dos dois canais laterais.

Esses nós ocorrem em quatro das seis principais rodas-canais. Em cada uma das seis principais rodas-canais, um número diferente de hastes, ou pétalas, ramifica-se do canal central, do mesmo modo que as varetas de um guarda-chuva saem de sua haste principal. Assim, na roda-canal da coroa (conhecida como "a roda do grande êxtase"), há 32 pétalas, ou hastes-canais, todas de cor branca. O centro é triangular, com o vértice voltado para a frente (isso se refere ao formato do nó através do qual as hastes emanam, como é visto a partir de cima). Essas 32 hastes formam um arco para baixo, como as varetas de um guarda-chuva aberto. Uma descrição dessa roda-canal e das demais três principais rodas-canais onde os nós ocorrem é dada no Quadro 1.

Quadro 1. As Quatro Rodas-Canais Principais

Localização	Nome	Formato do centro	Número de hastes	Cor	Direção do arqueamento
coroa	roda do grande êxtase	triangular	32	branco	para baixo
garganta	roda de deleite	circular	16	vermelho	para cima
coração	roda do Dharma	circular	8	branco	para baixo
umbigo	roda emanação	triangular	64	vermelho	para cima

Essas quatro rodas-canais contêm um total de 120 hastes. No que se refere às duas rodas-canais principais restantes, a roda-canal no lugar secreto tem 32 hastes vermelhas que arqueiam para baixo, e a roda-canal da joia tem oito hastes brancas que arqueiam para cima. Deve-se notar que, de acordo com alguns textos, as hastes da coroa, umbigo e lugar secreto podem ser visualizadas como sendo de cores variadas.

Uma vez que a roda-canal do coração é de especial importância, ela agora será descrita com mais detalhes. Suas oito hastes, ou pétalas, estão dispostas nas direções cardeais e intermediárias, com a frente começando pelo leste. Dentro de cada haste flui, principalmente, o vento sustentador de um elemento particular, como está indicado no Quadro 2.

Quadro 2. As Hastes da Roda-Canal do Coração

Direção	Vento sustentador
leste	do elemento terra
norte	do elemento vento
oeste	do elemento fogo
sul	do elemento água
sudeste	do elemento forma
sudoeste	do elemento odor
noroeste	do elemento sabor
nordeste	do elemento tátil

De cada uma dessas oito pétalas, ou hastes-canais do coração, ramificam-se três canais, num total de 24 canais. Esses são os canais dos 24 lugares. Eles estão todos incluídos em três grupos de oito: os canais da roda-mente (que são azuis e contêm, principalmente, ventos), os canais da roda-fala (que são vermelhos e contêm, principalmente, gotas vermelhas) e os canais da roda-corpo (que são brancos e contêm, principalmente, gotas brancas). Cada canal se dirige para um lugar diferente do corpo. Esses lugares são os 24 lugares interiores. Quando praticamos a sadhana extensa de Heruka, visualizamos as Deidades do mandala de corpo nesses lugares.

As extremidades exteriores dos oito canais da roda-mente terminam: (1) no contorno do couro cabeludo; (2) na coroa; (3) na orelha direita; (4) na nuca; (5) na orelha esquerda; (6) no ponto entre as sobrancelhas; (7) nos dois olhos; e (8) nos dois ombros. As extremidades exteriores dos oito canais da roda-fala terminam: (9) nas duas axilas; (10) nos dois mamilos; (11) no umbigo; (12) na ponta do nariz; (13) na boca; (14) na garganta; (15) no coração (a área entre os dois mamilos); e (16) nos dois testículos ou nos dois lados da vagina. Por fim, as extremidades exteriores dos oito canais da roda-corpo terminam: (17) na ponta do órgão sexual; (18) no ânus; (19) nas duas coxas; (20) nas duas panturrilhas; (21) nos oito dedos da mão e nos oito dedos do pé; (22) no dorso dos pés; (23) nos dois polegares e nos dois dedões dos pés; e (24) nos dois joelhos.

APÊNDICE II: UMA EXPLICAÇÃO DOS CANAIS

Cada um desses 24 canais ramifica-se em outros três canais, que se distinguem entre si pelos elementos principais – ventos, gotas vermelhas e gotas brancas – que fluem por eles. Cada um desses 72 canais divide-se, por sua vez, em mil canais, totalizando 72 mil canais. É importante, para um praticante do Tantra Ioga Supremo, familiarizar-se com a disposição dos canais, já que é por meio do controle sobre os ventos e gotas que fluem por esses canais que a união de grande êxtase espontâneo e vacuidade é realizada.

Os ventos no corpo de um ser comum fluem pela maioria desses canais, exceto pelo canal central. Como esses ventos são impuros, as várias mentes que eles sustentam são também impuras e, enquanto esses ventos continuarem a fluir pelos canais periféricos, eles continuarão a sustentar as diversas concepções negativas que nos mantêm presos ao samsara. Por força da meditação, entretanto, esses ventos podem ser trazidos para o canal central, onde não mais serão capazes de sustentar o desenvolvimento das concepções densas da aparência dual. Com a mente livre das aparências duais, seremos capazes de obter uma realização direta da verdade última, a vacuidade.

Correspondendo aos 24 lugares interiores do mandala de corpo de Heruka encontram-se os "24 lugares exteriores", que estão localizados em vários pontos espalhados por este mundo. Os praticantes com carma puro podem ver esses lugares exteriores de Heruka como Terras Puras, mas as pessoas com carma impuro somente enxergam esses lugares como lugares comuns.

Apêndice III

*Uma Explicação
dos Ventos Interiores*

Uma Explicação dos Ventos Interiores

VENTO É DEFINIDO como um dos quatro elementos, que é leve e se move. Os ventos podem ser divididos em: ventos exteriores e ventos interiores, e em ventos densos e ventos sutis. O vento exterior denso é o vento que experienciamos num dia ventoso. O vento exterior sutil é muito mais difícil de ser percebido. Ele é a energia que faz com que as plantas cresçam e existe até mesmo dentro de rochas e montanhas. É com o auxílio dos ventos sutis que as plantas extraem água, produzem novas folhas e assim por diante. Esses ventos são a força vital das plantas. De fato, em alguns textos tântricos, os ventos são denominados "vida" ou "força vital". Assim, embora seja incorreto dizer que as plantas são vivas no sentido de estarem associadas a uma consciência, podemos dizer que elas são vivas nesse outro sentido.

Os ventos interiores são os ventos no continuum de uma pessoa, e eles fluem pelos canais de seu corpo. A principal função dos ventos interiores é mover a mente para o seu objeto. A função da mente é apreender objetos, mas ela não pode se mover para um objeto ou estabelecer uma conexão com ele sem um vento que lhe sirva de montaria. A mente é, algumas vezes, comparada a uma pessoa coxa que pode enxergar, e, o vento, a uma pessoa cega que tem pernas. As mentes podem funcionar apenas quando operam em conjunto com os ventos interiores.

Existem muitos tipos diferentes de ventos fluindo pelos canais do corpo, mas todos estão incluídos nos cinco ventos-raízes e nos cinco ventos secundários. Os cinco ventos-raízes são: (1) o vento de sustentação vital; (2) o vento descendente de esvaziamento;

(3) o vento ascendente movedor; (4) o vento que-permanece-por-
-igual; e (5) o vento que-permeia.

Cada um dos cinco ventos-raízes possui seis características pelas quais ele pode ser identificado: (1) sua cor; (2) a Família Búdica à qual está associado; (3) o elemento para o qual serve de sustentação; (4) seu assento principal ou localização fundamental; (5) sua função; e (6) sua direção – ou seja, o modo como ele sai das narinas após a exalação. Essas características estão listadas no Quadro 3.

O vento de sustentação vital é denominado "vento Akshobya" porque, quando for completamente purificado, ele irá se transformar na natureza de Akshobya. No momento presente, nosso vento de sustentação vital é como a semente do Corpo-Forma de Akshobya, mas ele não é Akshobya ele próprio. A principal função do vento de sustentação vital é sustentar a vida, mantendo a conexão entre o corpo e a mente. Quanto mais forte for o vento de sustentação vital, mais tempo viveremos. Outra função deste vento é sustentar o elemento água do nosso corpo e fazer com que ele aumente. O vento de sustentação vital é branco e sua localização principal é no coração. Quando exalamos, ele sai por ambas as narinas, fluindo suavemente para baixo.

O vento descendente de esvaziamento é a semente do Corpo-
-Forma de Ratnasambhava e está associado com o elemento terra. Ele é amarelo e cumpre a função de soltar urina, fezes, esperma e sangue menstrual. Suas localizações principais são o ânus e o órgão sexual e, quando exalamos, ele sai horizontalmente por ambas as narinas, fluindo fortemente para frente.

O vento ascendente movedor é a semente do Corpo-Forma de Amitabha e está associado com o elemento fogo. Ele é vermelho e cumpre a função de nos tornar capazes de ingerir comida e bebida, falar, tossir e assim por diante. Sua localização principal é na garganta e, quando exalamos, ele sai pela narina direita, fluindo violentamente para cima.

Quadro 3. Os Ventos-Raízes

	Vento de sustentação vital	Vento descendente de esvaziamento	Vento ascendente movedor	Vento que-permanece-por-igual	Vento que-permeia
Cor	Branco	Amarelo	Vermelho	Amarelo-esverdeado	Azul-pálido
Família Búdica	Akshobya	Ratnasambhava	Amitabha	Amoghasiddhi	Vairochana
Elemento	Água	Terra	Fogo	Vento	Espaço
Localização	Coração	As duas portas inferiores: o ânus e o órgão sexual	Garganta	Umbigo	Ambas as partes do corpo, superior e inferior, principalmente as 360 articulações
Função	Sustentar e manter a vida	Reter e soltar urina, fezes, esperma, sangue etc.	Falar, ingerir etc.	Faz arder o fogo interior; possibilita a digestão da comida e da bebida etc.	Capacitar o corpo a ir e vir; permitir movimentos, levantar-se e posicionar-se
Direção	Ambas as narinas, suavemente para baixo	Ambas as narinas, horizontalmente e fortemente para frente	Pela narina direita, fluindo violentamente para cima	Pela narina esquerda, movendo-se para a esquerda e para a direita a partir da borda da narina	Este vento não flui pelas narinas, exceto no momento da morte

O vento que-permanece-por-igual é a semente do Corpo--Forma de Amoghasiddhi e está associado com o elemento vento. Ele é amarelo-esverdeado e cumpre a função de fazer arder o fogo interior e possibilitar a digestão da comida e da bebida, separando os nutrientes da matéria não aproveitável. Sua localização principal é no umbigo e, quando exalamos, ele sai pela narina esquerda, movendo-se para a esquerda e para a direita a partir da borda da narina.

O vento que-permeia é a semente do Corpo-Forma de Vairochana e está associado com o elemento espaço. Ele é azul--pálido e, como o seu nome sugere, ele permeia todo o corpo, particularmente as 360 articulações. Sua função é tornar o corpo capaz de se movimentar. Sem esse vento, ficaríamos completamente imóveis, como uma pedra. Esse vento não flui pelas narinas, exceto no momento da morte.

De um modo geral, um dos ventos está sempre fluindo mais fortemente pelas narinas do que os outros. Por exemplo, se o vento de sustentação vital estiver fluindo fortemente, os demais ventos (exceto o vento que-permeia) estarão fluindo suavemente. A menos que observemos de maneira muito cuidadosa nossa respiração, será difícil notar os diferentes movimentos dos quatro ventos, mas, com toda certeza, eles fluem pelas nossas narinas sempre que respiramos.

Os cinco ventos secundários são: (1) o vento movedor; (2) o vento intensamente movedor; (3) o vento perfeitamente movedor; (4) o vento fortemente movedor; e (5) o vento definitivamente movedor.

Os cinco ventos secundários são assim denominados porque se ramificam do vento de sustentação vital, que reside no centro do coração. A localização principal desses ventos é em quatro hastes-canais da roda-canal do coração, de onde fluem pelos nossos canais para as cinco portas das faculdades sensoriais. Eles são também denominados "os cinco ventos das faculdades sensoriais" porque possibilitam o desenvolvimento das percepções sensoriais. A cor e a função de cada vento secundário estão listadas no Quadro 4.

APÊNDICE III: UMA EXPLICAÇÃO DOS VENTOS INTERIORES

Quadro 4. Os Ventos Secundários

Nome	Cor	Função
Vento movedor	Vermelho	Permitir que a percepção visual se mova para formas visuais
Vento intensamente movedor	Azul	Permitir que a percepção auditiva se mova para os sons
Vento perfeitamente movedor	Amarelo	Permitir que a percepção olfativa se mova para os odores
Vento fortemente movedor	Branco	Permitir que a percepção gustativa se mova para os sabores
Vento definitivamente movedor	Verde	Permitir que a percepção tátil se mova para os objetos táteis

O primeiro vento, o vento movedor, flui do coração pela porta dos olhos, permitindo que a percepção visual se mova para o seu objeto, as formas visuais. Sem o vento movedor, a percepção visual seria incapaz de entrar em contato com as formas visuais. A razão pela qual não podemos ver quando estamos dormindo é que o vento movedor retirou-se da porta da faculdade sensorial visual e retornou para sua sede, no coração.

O vento intensamente movedor flui do coração para os ouvidos, permitindo que a percepção auditiva se mova para os sons; o vento perfeitamente movedor flui do coração para as narinas, permitindo que a percepção olfativa se mova para os odores; o vento fortemente movedor flui do coração para a língua, permitindo que a percepção gustativa se mova para os sabores; e o vento definitivamente movedor flui do coração para todo o corpo, permitindo que a percepção tátil se mova para os objetos táteis.

O vento descendente de esvaziamento, o vento ascendente movedor, o vento que-permanece-por-igual, o vento que-permeia e os cinco ventos secundários são, todos eles, ventos interiores densos. O vento de sustentação vital possui três níveis: denso, sutil e muito sutil. A maioria dos ventos montados pelos pensamentos conceituais são ventos de sustentação vital densos; os ventos montados pelas mentes da aparência branca, vermelho crescente e quase--conquista negra são ventos de sustentação vital sutis; e o vento montado pela mente de clara-luz é um vento de sustentação vital muito sutil.

O vento de sustentação vital tem uma atuação muito ampla. Se um vento de sustentação vital poluído se manifesta, pensamentos conceituais negativos se desenvolvem; mas, se o vento de sustentação vital for purificado, os pensamentos conceituais negativos serão pacificados. Todas as meditações utilizam a percepção mental, e o vento montado pela percepção mental é o vento de sustentação vital, necessariamente.

Cada um dos cinco ventos das faculdades sensoriais e o vento de sustentação vital denso possuem duas partes: um vento que desenvolve o tipo específico de percepção e um vento que move a percepção para o seu objeto. Esses doze ventos normalmente fluem pelos canais direito e esquerdo e são os principais objetos a serem purificados pela recitação vajra, como está explicado em *Solos e Caminhos Tântricos* e *Essência do Vajrayana*. Se quisermos superar distrações, é muito importante fazer com que esses doze ventos entrem, permaneçam e se dissolvam dentro do canal central.

Apêndice IV

O Tantra-Raiz de Heruka
e Vajrayogini

Introdução

Os *Tantras-Raiz de Heruka* pertencem ao Tantra Ioga Supremo do Budismo Vajrayana. Buda ensinou os *Tantras-Raiz de Heruka* extenso, mediano e condensado. O *Tantra-Raiz Condensado de Heruka*, que possui 51 capítulos, foi traduzido do sânscrito para o tibetano.

Os comentários ao *Tantra-Raiz Condensado de Heruka*, proferidos por Buda Shakyamuni, e muitos outros comentários escritos por mestres budistas indianos (como os Mahasiddhas Naropa e Lawapa) também foram traduzidos. Comentários posteriores foram escritos por eruditos tântricos tibetanos, fundamentados no comentário de Je Tsongkhapa ao *Tantra-Raiz Condensado de Heruka*, intitulado *Clara Iluminação de Todos os Significados Ocultos*.

Eu traduzi o primeiro e o último capítulos do *Tantra-Raiz Condensado de Heruka* do tibetano para o inglês. Como Je Tsongkhapa disse, cada palavra do Tantra-Raiz tem muitos significados diferentes. Eu não traduzi as palavras, mas seu significado oculto. Meu propósito ao fazer isso é beneficiar as pessoas deste mundo moderno.

Geshe Kelsang Gyatso, 2003.

O *Tantra-Raiz de Heruka e Vajrayogini*

Proferido pelo Abençoado, Buda Shakyamuni, a pedido de
Vajrapani.

Assim, irei explicar o grande e magnífico segredo –
As instruções das etapas do caminho de Heruka –
O insuperável de todos os insuperáveis,
Que satisfaz o desejo por todas as aquisições.

Gera a Terra Pura de Heruka com a mansão celestial
E a ti mesmo como o glorioso Buda Heruka em abraço
    com Vajravarahi,
Com um séquito de trinta e seis Dakinis e vinte e quatro Heróis;
Reúne sempre, no supremo segredo do grande êxtase,
A natureza de tudo.
Assim, Heruka – imputado a esse grande êxtase
Que é inseparável da vacuidade de tudo –,
É o Abençoado, Heruka definitivo,
A síntese de todos os Dakas e Dakinis.
E Heruka, que aparece com um corpo azul,
Quatro faces e doze braços,
É Heruka interpretativo, ensinado para compromisso.
O supremo segredo do grande êxtase
Surge pelo derretimento das gotas dentro do canal central;

Assim, é difícil encontrar no mundo
Uma pessoa que experiencie um êxtase como este.
Quando examinado, não há corpo:
Deves conhecer todas as coisas do mesmo modo.
Os compromissos, meditações, recitações
E demais rituais serão explicados.

Os praticantes devem, sempre, fazer oferendas,
Sejam elas copiosas ou sumárias,
À assembleia de Deidades do mandala de Heruka,
Especialmente no décimo e vigésimo quinto dias de cada mês.
Com a motivação da mente compassiva da bodhichitta
E a sabedoria que realiza a vacuidade de todos os fenômenos,
O praticante pode confiar nos três mensageiros (ou mensageiras):
Um que seja emanação, um que possua realizações,
Ou um que esteja mantendo puramente os compromissos.
O êxtase surgido do derretimento de tuas próprias gotas
Deve ser oferecido a Heruka, que reside em teu coração.
Porque Heruka está sempre no coração do praticante,
Inseparável dele (ou dela),
Qualquer um que veja, ouça, toque ou lembre de um praticante
  como este
Irá receber, com absoluta certeza, as bênçãos de Heruka.
Os praticantes têm o grande poder de curar a si mesmos
E de acumular mérito e sabedoria;
Eles podem alcançar rapidamente aquisições
Por meio de meditação e recitação dos mantras.
Como prática básica, deves sempre manter os compromissos;
Quebrá-los irá destruir as bênçãos
Que recebeste quando a iniciação foi concedida
E, assim, não realizarás aquisição alguma.
O êxtase surgido por derreter as gotas dentro do canal central,
Misturado totalmente com a vacuidade de tudo,
É o segredo supremo do grande êxtase
Que dá surgimento a todas as cinco aquisições:

Aquisições pacificadoras, crescentes e controladoras,
Aquisições por meio de ações iradas,
E a aquisição suprema da iluminação.

Por penetrar o ponto da ponta inferior de teu canal central,
Quando estiver unido à ponta inferior do canal central do mudra,
O vento-sabedoria irá entrar em teu canal central;
Por obter profunda experiência com essa meditação,
Alcançarás o segredo supremo do grande êxtase.
Poderás também confiar nos quatro mudras e praticá-los –
Compromisso, ação, fenômenos e grande;
As quatro diferentes maneiras de abraço devem ser conhecidas.
O êxtase experienciado por praticante tão puro
É inigualável e supremo a qualquer êxtase experienciado por
    deuses ou humanos.
O lugar onde irás meditar sobre o grande segredo
Pode ser uma montanha, floresta, cemitério, vilarejo ou cidade.
Tendo encontrado um lugar adequado, sem nenhum obstáculo,
Deves continuamente empenhar-te para realizar
O mandala sustentador e sustentado de Heruka.

Isto conclui o Capítulo Um: *Síntese do Tantra-Raiz de Heruka.*

As demais instruções, que são difíceis de encontrar,
E que estão ocultas nas escrituras –
A maneira de realizar os mandalas de Heruka –
Serão, também, brevemente explicadas.

Para começar, deves meditar no significado de Shri Heruka,
A união de grande êxtase e vacuidade.
Depois, medita nas imaginações corretas que acreditam que:
O local é a própria Terra Pura de Heruka,
Aparecendo sob o aspecto do mandala sustentador,
Do círculo de proteção e da mansão celestial;
Teu corpo é o segredo supremo do grande êxtase,
Aparecendo sob a forma do corpo azul de Heruka,
Adornado com os cinco ornamentos,
E em abraço com a consorte-sabedoria Vajravarahi;
Tua fala é da natureza do mantra de AHLIKALI,
A fonte de todos os mantras;
Tu recebes as bênçãos e a iniciação;
Teu corpo está adornado com a proteção interior:
O círculo de proteção dos mantras-armadura;
As Deidades das Cinco Rodas aparecem na mansão celestial;
Os migrantes dos seis reinos são purificados
Pela emanação de raios de luz-sabedoria;
Oferendas exteriores, interiores e do mantra de oito versos são feitas;
Treina em clara aparência e em orgulho divino
Para além da aparência e concepções comuns –
Assim, expliquei os quatorze pontos essenciais.
Aqueles que sinceramente se empenharem nessa prática
Irão purificar todas as negatividades rapidamente,
Sempre tomando renascimentos elevados, de boa fortuna,
E irão alcançar o estado do Buda Conquistador.

Assim como o fogo destrói rapidamente os objetos,
As recitações e meditações de Heruka e de Vajrayogini
Destroem o sofrimento rapidamente.

APÊNDICE IV: O TANTRA-RAIZ DE HERUKA E VAJRAYOGINI

Quando tais praticantes experienciarem a morte,
Diversas emanações irão para eles aparecer
Com oferendas – como flores e linda música –
E os conduzirão à Terra Pura de Keajra.
Para tais praticantes, a morte é apenas um mero nome –
Eles são, simplesmente, transferidos da prisão do samsara
Para a Terra Pura de Buda Heruka.
A boa fortuna da prática do Tantra de Heruka
Será extremamente difícil de encontrar no futuro –
Assim, não deves desperdiçar a oportunidade que tens agora.
Os doze braços de Heruka indicam que o praticante será liberto
Dos doze elos dependente-relacionados do samsara;
Pisar sobre Bhairawa e Kalarati demonstra vitória sobre os maras –
Assim, deves empenhar-te em praticar essas instruções.
Gera a ti mesmo como o principal do mandala,
Rodeado pelos Heróis e Heroínas das Cinco Rodas,
Todos eles deleitados com o supremo segredo do grande êxtase.
Ao final da sessão, o sustentador e o sustentado
Dissolvem-se, todos, em grande êxtase e vacuidade –
Medita nessa união de êxtase e vacuidade.
A partir disso, surge como a Deidade-ação Heruka
Que se envolve nas práticas subsequentes.

O Abençoado aparece sob muitos diferentes aspectos
Para beneficiar todos os seres vivos, que têm diferentes desejos
    e anseios.
Dentre os diversos métodos que o Abençoado demonstrou
Para satisfazer os diversos desejos e anseios dos seres vivos,
As instruções de Sutra e as quatro classes de Tantra são supremos –
Os Tantras Ação, Performance, Ioga e Ioga Supremo.
Nunca deves abandonar o Tantra Ioga Supremo,
Mas compreender que ele tem um significado inconcebível
E que é a verdadeira essência do Budadharma.
Para os que não compreendem a verdadeira natureza das coisas,
    a vacuidade,

É difícil compreender o profundo significado do Tantra Ioga Supremo.
No entanto, as emanações de Buda Vajradhara permeiam todos os lugares
E a linhagem búdica de todos os seres vivos está sempre com eles;
Assim, por fim todos os seres vivos, sem exceção,
Irão conquistar o supremo estado da iluminação, a Budeidade.

Isto conclui o Capítulo Cinquenta e Um: *A Conclusão do Tantra-Raiz de Heruka*.

O mantra condensado de Heruka, Vajrayogini, das trinta e seis Dakinis e dos vinte e quatro Heróis

OM HUM BAM, RIM RIM LIM LIM, KAM KHAM GAM GHAM, NGAM TSAM TSHAM DZAM, DZHAM NYAM TrAM THrAM, DrAM DHrAM NAM TAM, THAM DAM DHAM NAM, PAM PHAM BAM BHAM, YAM RAM LAM WAM, SHAM KAM SAM HAM, HUM HUM PHAT

Para o benefício de todos os seres vivos,
Que eu me torne Heruka;
E, então, conduza cada ser vivo
Ao estado supremo de Heruka.

Apêndice V

Prece Libertadora

LOUVOR A BUDA SHAKYAMUNI

Prece Libertadora

LOUVOR A BUDA SHAKYAMUNI

Ó Abençoado, Shakyamuni Buda,
Precioso tesouro de compaixão,
Concessor de suprema paz interior,
Tu, que amas todos os seres sem exceção,
És a fonte de bondade e felicidade,
E nos guias ao caminho libertador.

Teu corpo é uma joia-que-satisfaz-os-desejos,
Tua fala é um néctar purificador e supremo
E tua mente, refúgio para todos os seres vivos.

Com as mãos postas, me volto para ti,
Amigo supremo e imutável,
E peço do fundo do meu coração:

Por favor, concede-me a luz de tua sabedoria
Para dissipar a escuridão da minha mente
E curar o meu continuum mental.

Por favor, me nutre com tua bondade,
Para que eu possa, por minha vez, nutrir todos os seres
Com um incessante banquete de deleite.

Por meio de tua compassiva intenção,
De tuas bênçãos e feitos virtuosos
E por meu forte desejo de confiar em ti,

Que todo o sofrimento rapidamente cesse,
Que toda a felicidade e alegria aconteçam
E que o sagrado Dharma floresça para sempre.

Cólofon: Esta prece foi escrita por Venerável Geshe Kelsang Gyatso e é recitada regularmente no início de ensinamentos, meditações e preces nos Centros Budistas Kadampa em todo o mundo.

Apêndice VI

Manual para a Prática Diária dos Votos Bodhisattva e Tântricos

Introdução

Aqueles que receberam os votos bodhisattva e os votos tântricos devem saber que os compromissos desses votos são o fundamento básico sobre o qual as realizações do Mahayana e do Vajrayana irão crescer. Se negligenciarmos esses compromissos, nossa prática do Mahayana e do Vajrayana será fraca e ineficaz. Je Tsongkhapa disse:

> As duas conquistas dependem, ambas,
> De meus sagrados votos e compromissos;
> Abençoa-me, para entender isso claramente
> E conservá-los à custa da minha vida.

As duas conquistas são: as aquisições comuns (as realizações do Sutra) e as aquisições incomuns (as realizações do Tantra).

Os *Sutras Perfeição de Sabedoria* e os ensinamentos de Lamrim explicam extensivamente a prática das seis perfeições como sendo o compromisso dos votos bodhisattva. As seis perfeições são as práticas de dar, disciplina moral, paciência, esforço, concentração e sabedoria, motivadas pela mente compassiva da bodhichitta. Por nos empenharmos sinceramente na prática das seis perfeições, podemos cumprir todos os compromissos de nossos votos bodhisattva, incluindo os compromissos de abandonar as dezoito quedas raízes e as 46 quedas secundárias.

Na prática de dar amor, se sinceramente apreciarmos todos os seres vivos, não haverá base para incorrermos em nenhuma das quedas dos votos bodhisattva e tântricos, pois essas quedas são motivadas, necessariamente, pelo autoapreço.

Embora existam muitos compromissos dos votos tântricos – como abandonar muitas quedas, especialmente as quatorze quedas raízes – podemos cumprir todos os compromissos dos votos tântricos pela prática sincera dos dezenove compromissos das Cinco Famílias Búdicas. Por cumprir nossos compromissos dos votos Pratimoksha, bodhisattva e tântricos, podemos rapidamente fazer progressos no caminho à iluminação.

Devemos saber que, em verdade, nossos compromissos dos votos Pratimoksha, bodhisattva e tântricos são o único método para solucionar os nossos próprios problemas e os dos outros, e são também o único método para fazer a nós mesmos e aos outros felizes. Isso é o que realmente precisamos. Nunca devemos pensar que nossos compromissos são como um fardo pesado; ao contrário, devemos pensar, sempre, que eles são como uma joia--que-satisfaz-os-desejos que nos foi dada por Buda e que devemos mantê-los puros, mesmo à custa de nossa vida.

Geshe Kelsang Gyatso
2007

Parte Um:
A Prática dos Votos Bodhisattva

Visualizar Guru Buda Shakyamuni

No espaço a minha frente, está Buda Shakyamuni vivo, rodeado por todos os Budas e Bodhisattvas, como a lua cheia rodeada pelas estrelas.

Tomar os Votos Bodhisattva

Com forte fé, junte suas mãos na altura do coração, no gesto de prostração. Verbal ou mentalmente, recite três vezes a seguinte prece ritual, enquanto você se concentra em seu significado.

Ó Guru Buda Shakyamuni, por favor, ouve o que agora direi.
Doravante, até que eu alcance a iluminação,
Busco refúgio nas Três Joias – Buda, Dharma e Sangha –
E confesso todas e cada uma das minhas ações negativas.

Isso significa: Aplicarei esforço para purificar todas as ações negativas juntamente com suas raízes, as delusões.

Regozijo-me nas virtudes de todos os seres,

Isso significa: Regozijo-me e empenho-me na prática do estilo de vida do Bodhisattva, isto é, a prática das seis perfeições. Essa é a maneira de se praticar os votos bodhisattva.

E prometo realizar a iluminação de um Buda.

Isso significa: Prometo realizar a iluminação de um Buda a fim de libertar, permanentemente, todos os seres vivos do sofrimento.

Nessa prece ritual, você prometeu realizar a iluminação de um Buda a fim de libertar, permanentemente, todos os seres vivos do sofrimento. Essa promessa é o seu voto bodhisattva. Para cumprir sua promessa, você precisa se empenhar no estilo de vida do Bodhisattva – a prática das seis perfeições; elas são os compromissos do voto bodhisattva. Desse modo, você poderá fazer progressos no Caminho à Iluminação: desde o Caminho da Acumulação, passando pelo Caminho da Preparação, o Caminho da Visão, o Caminho da Meditação e o Caminho do Não-Mais-Aprender – que é a iluminação.

As seis perfeições são as práticas de dar, disciplina moral, paciência, esforço, concentração e sabedoria, motivadas por bodhichitta. Você deve reconhecer que as seis perfeições são a sua prática diária – elas são os compromissos de seu voto bodhisattva.

Na prática de **dar**, você deve praticar:

1. Dar ajuda material aos que estão na pobreza, incluindo dar comida aos animais;
2. Dar ajuda prática aos doentes ou fisicamente debilitados;
3. Dar proteção, sempre tentando salvar a vida dos outros, incluindo os insetos;
4. Dar amor, aprendendo a apreciar todos os seres vivos por acreditar, sempre, que a felicidade e a liberdade deles são importantes; e
5. Dar Dharma, ajudando a solucionar os problemas da raiva, apego e ignorância por meio de dar ensinamentos de Dharma ou conselhos significativos.

Na prática de **disciplina moral**, você deve abandonar quaisquer ações inadequadas, incluindo as que causam sofrimento aos outros. Por fazer isso, suas ações de corpo, fala e mente serão puras, de maneira que você irá se tornar um ser puro. Este é o fundamento básico sobre o qual todas as realizações espirituais irão crescer.

Na prática de **paciência**, você nunca deve se permitir ficar com raiva ou desencorajado, mas aceitar temporariamente quaisquer dificuldades ou danos vindos dos outros. Esta é a prática de paciência. A raiva destrói o seu mérito, ou boa fortuna, de modo que você continuamente irá experienciar muitos obstáculos, e, devido à carência de boa fortuna, será difícil satisfazer os seus desejos, em especial as suas metas espirituais. Não existe maior mal que a raiva. Com a prática da paciência, você pode realizar qualquer meta espiritual; não existe virtude maior que a paciência.

Na prática de **esforço**, você deve confiar em esforço irreversível para acumular as grandes coleções de mérito e de sabedoria, que são as principais causas para se obter o Corpo-Forma (*Rupakaya*) e o Corpo-Verdade (*Dharmakaya*) de um Buda; e, especialmente, você deve enfatizar a contemplação e a meditação sobre a vacuidade, o modo como as coisas realmente são. Por fazer isso, você pode facilmente fazer progressos no caminho à iluminação. Com esforço, você pode realizar a sua meta; com preguiça, você não pode obter resultado algum.

Na prática de **concentração**, você deve enfatizar a aquisição da concentração do tranquilo-permanecer que observa a vacuidade. Quando, pelo poder dessa concentração, você experienciar uma sabedoria especial denominada "visão superior", que realiza a vacuidade de todos os fenômenos de modo muito claro, você terá progredido, passando de um Bodhisattva do Caminho da Acumulação para ser um Bodhisattva do Caminho da Preparação.

Na prática de **sabedoria**, você precisa enfatizar o aumento do poder de sua sabedoria da visão superior por meditar, continuamente, na vacuidade de todos os fenômenos com a motivação de bodhichitta. Por meio disso, quando a sua visão superior se transformar no Caminho da Visão, que é a realização direta da vacuidade de todos os fenômenos, você terá progredido, passando de um Bodhisattva do Caminho da Preparação para ser um Bodhisattva do Caminho da Visão. No momento em que você alcançar o Caminho da Visão, você será um Bodhisattva superior, que não mais experiencia os sofrimentos do samsara. Mesmo que alguém corte o seu corpo pedaço por pedaço com uma faca, você não sentirá dor devido à realização direta do modo como as coisas realmente existem.

Tendo concluído o Caminho da Visão, você precisa, para continuar a fazer progressos, empenhar-se, continuamente, na meditação sobre a vacuidade de todos os fenômenos, com a motivação de bodhichitta. Essa meditação é denominada "o Caminho da Meditação". Quando alcançar essa etapa, você terá progredido, passando de um Bodhisattva do Caminho da Visão para ser um Bodhisattva do Caminho da Meditação.

Tendo concluído o Caminho da Meditação, quando então sua sabedoria do Caminho da Meditação se transforma na sabedoria onisciente que experiencia a cessação permanente de todas as aparências equivocadas, essa sabedoria onisciente passa a ser denominada "o Caminho do Não-Mais-Aprender", que é a iluminação propriamente dita. Quando alcançar essa etapa, você terá progredido, passando de um Bodhisattva do Caminho da Meditação a um ser iluminado, um Buda. Você terá concluído o objetivo supremo dos seres vivos.

Mais detalhes sobre os votos bodhisattva podem ser encontrados no livro *O Voto Bodhisattva*.

Parte Dois:
A Prática dos Votos Tântricos

Visualizar Guru Buda Shakyamuni

No espaço a minha frente, está Buda Shakyamuni vivo, rodeado por todos os Budas e Bodhisattvas, como a lua cheia rodeada pelas estrelas.

Tomar os Votos Tântricos

Com forte fé, junte suas mãos na altura do coração, no gesto de prostração. Verbal ou mentalmente, recite três vezes a seguinte prece ritual, enquanto você se concentra em seu significado.

Ó Guru Buda Shakyamuni, por favor, ouve o que agora direi.
Doravante, até que eu alcance a iluminação,
Manterei, para o bem de todos os seres vivos,
Os votos e compromissos, gerais e individuais, das Cinco Famílias Búdicas,
Resgatarei aqueles que não foram resgatados do renascimento inferior,
Libertarei aqueles que não foram libertados do renascimento samsárico,
Darei fôlego – a vida espiritual do Vajrayana – àqueles incapazes de praticar o Caminho Vajrayana,
E conduzirei todos os seres ao estado além da dor, o estado da iluminação.

*Objetos de compromisso tântricos:
oferenda interior no kapala, vajra, sino, damaru, mala*

Nessa prática ritual, você prometeu manter os dezenove compromissos dos votos do Tantra Ioga Supremo, libertar todos os seres vivos do renascimento inferior e do renascimento samsárico e conduzi-los ao Caminho Vajrayana, que rapidamente conduz todos os seres ao estado da iluminação. Essa promessa é o seu voto tântrico. Para cumprir sua promessa, você deve empenhar-se na prática dos dezenove compromissos das Cinco Famílias Búdicas. Os dezenove compromissos são:

Os seis compromissos da Família de Buda Vairochana:

1. Buscar refúgio em Buda;
2. Buscar refúgio no Dharma;
3. Buscar refúgio na Sangha;
4. Abster-se de não-virtude;
5. Praticar virtude;
6. Beneficiar os outros.

Os quatro compromissos da Família de Buda Akshobya:

1. Manter um vajra para nos lembrar de enfatizar o desenvolvimento de grande êxtase por meio da meditação no canal central;
2. Manter um sino para nos lembrar de enfatizar a meditação na vacuidade;
3. Gerar a nós mesmos como a Deidade, ao mesmo tempo que compreendemos que todas as coisas que normalmente vemos não existem;
4. Confiar sinceramente em nosso Guia Espiritual, que nos conduz à prática da pura disciplina moral dos votos Pratimoksha, bodhisattva e tântricos.

Os quatro compromissos da Família de Buda Ratnasambhava:

1. Dar ajuda material;
2. Dar Dharma;
3. Dar destemor;
4. Dar amor.

Os três compromissos da Família de Buda Amitabha:

1. Confiar nos ensinamentos de Sutra;
2. Confiar nos ensinamentos das duas classes inferiores de Tantra;
3. Confiar nos ensinamentos das duas classes superiores de Tantra.

Já que o Lamrim é o corpo principal do Budadharma, se confiarmos sinceramente no Lamrim Kadam cumpriremos esses três compromissos.

Os dois compromissos da Família de Buda Amoghasiddhi:

1. Fazer oferendas a nosso Guia Espiritual;
2. Empenharmo-nos para manter puramente todos os votos que tomamos.

Como Buda Vajradhara disse, você deve relembrar esses dezenove compromissos seis vezes ao dia, todos os dias, o que significa a cada quatro horas. Isso é denominado *"Ioga em Seis Sessões"*. Para cumprir esse compromisso, você deve recitar – verbal ou mentalmente – o seguinte *ioga condensado em seis sessões*, seis vezes ao dia, todos os dias, enquanto se concentra em seu significado:

Eu busco refúgio no Guru e nas Três Joias.
Segurando vajra e sino, gero-me como a Deidade e faço oferendas.
Confio nos Dharmas de Sutra e de Tantra e abstenho-me de
   todas as ações não virtuosas.
Reunindo todos os Dharmas virtuosos, ajudo todos os seres
   vivos por meio das quatro práticas de dar.

Todos os dezenove compromissos estão incluídos nessa estrofe. As palavras *"Eu busco refúgio no Guru e nas Três Joias"* referem-se aos três primeiros compromissos da Família de Buda Vairochana: buscar refúgio em Buda, buscar refúgio no Dharma e buscar refúgio na Sangha. A palavra "Guru" refere-se ao quarto compromisso da Família de Buda Akshobya: confiar sinceramente em nosso Guia Espiritual.

As palavras "*Segurando vajra e sino, gero-me como a Deidade*" referem-se aos primeiros três compromissos da Família de Buda Akshobya: manter um vajra para nos lembrar do grande êxtase, manter um sino para nos lembrar da vacuidade e gerar a nós mesmos como a Deidade. As palavras "*e faço oferendas*" referem-se ao primeiro compromisso da Família de Buda Amoghasiddhi: fazer oferendas a nosso Guia Espiritual.

As palavras "*Confio nos Dharmas de Sutra e de Tantra*" referem-se aos três compromissos da Família de Buda Amitabha: confiar nos ensinamentos de Sutra, confiar nos ensinamentos das duas classes inferiores de Tantra e confiar nos ensinamentos das duas classes superiores de Tantra. As palavras "*e abstenho-me de todas as ações não virtuosas*" referem-se ao quarto compromisso da Família de Buda Vairochana: abster-se de não-virtude.

As palavras "*Reunindo todos os Dharmas virtuosos*" referem-se ao quinto compromisso da Família de Buda Vairochana: praticar virtude. As palavras "*ajudo todos os seres vivos*" referem-se ao sexto compromisso da Família de Buda Vairochana: beneficiar os outros. As palavras "*por meio das quatro práticas de dar*" referem-se aos quatro compromissos da Família de Buda Ratnasambhava: dar ajuda material, dar Dharma, dar destemor e dar amor.

Finalmente, a estrofe inteira refere-se ao segundo compromisso da Família de Buda Amoghasiddhi: empenharmo-nos para manter puramente todos os votos que tomamos.

Mais detalhes sobre os votos e compromissos do Mantra Secreto podem ser encontrados no livro *Solos e Caminhos Tântricos*.

Apêndice VII

Joia-Coração

O GURU-IOGA DE JE TSONGKHAPA ASSOCIADO
À SADHANA CONDENSADA
DE SEU PROTETOR DO DHARMA

Introdução

Esta sadhana inclui duas práticas reveladas pelo Buda da Sabedoria Manjushri. A primeira é um Guru-Ioga especial, no qual visualizamos nosso Guia Espiritual como Je Tsongkhapa, que, por sua vez, é uma manifestação de Manjushri. Confiando nesta prática, podemos purificar negatividade, acumular mérito e receber bênçãos. Desse modo, iremos naturalmente concluir todas as realizações das etapas do caminho de Sutra e de Tantra e, em particular, alcançaremos uma sabedoria de Dharma muito especial.

A segunda prática é um método para confiar no Protetor do Dharma Dorje Shugden. Por meio dela, podemos superar obstáculos a nossa prática e criar condições favoráveis para que possamos nutrir e aumentar nossas realizações de Dharma. Se confiarmos no Protetor do Dharma Dorje Shugden com sinceridade, nossa fé em Je Tsongkhapa naturalmente irá aumentar e obteremos, facilmente, experiência do puro Budadharma transmitido diretamente a Je Tsongkhapa pelo Buda da Sabedoria Manjushri.

Estas duas práticas são a verdadeira essência da Nova Tradição Kadampa do Budismo Mahayana. Se as praticarmos, sincera e regularmente, faremos uma rica colheita de puras realizações de Dharma e, por fim, experienciaremos a suprema alegria da plena iluminação.

Uma explicação extensa desta sadhana pode ser encontrada no livro *Joia-Coração*.

Geshe Kelsang Gyatso
1991

Joia-Coração

Buscar refúgio

Eu e todos os seres sencientes, até alcançarmos a iluminação,
Nos refugiamos em Buda, Dharma e Sangha. (3x)

Gerar bodhichitta

Pelas virtudes que coleto, praticando o dar e as outras perfeições,
Que eu me torne um Buda para o benefício de todos. (3x)

Convidar Je Tsongkhapa

Do coração do Protetor das centenas de Deidades da Terra Alegre,
Ao topo de uma nuvem, como coalhada branca e fresca,
Ó Todo-Conhecedor Losang Dragpa, Rei do Dharma,
Por favor, vem a este lugar juntamente com teus Filhos.

Prece dos sete membros

No espaço a minha frente, sobre um trono de leões, lótus e lua,
Os veneráveis Gurus sorriem com deleite.
Ó Supremo Campo de Mérito para a minha mente de fé,
Por favor, permanece por cem éons para difundir a doutrina.

Tua mente de sabedoria compreende a extensão integral dos
 objetos de conhecimento,
Tua eloquente fala é o ornamento-orelha dos afortunados,
Teu lindo corpo brilha com a glória do renome,
Prostro-me a ti, que és tão significativo de ver, ouvir e recordar.

Agradáveis oferendas de água, diversas flores,
Incenso de doce aroma, luzes, água perfumada e assim
   por diante,
Uma vasta nuvem de oferendas, tanto as efetivas como as
   imaginadas,
Ofereço a ti, Ó Supremo Campo de Mérito.

Sejam quais forem as não-virtudes de corpo, fala e mente
Que tenho acumulado desde tempos sem início,
Especialmente as transgressões dos meus três votos,
Com grande remorso, confesso uma a uma do fundo de meu
   coração.

Nesta era degenerada, te empenhaste em muito estudo
   e realização.
Abandonando os oito interesses mundanos, tornaste
   significativos tuas liberdades e dotes.
Ó Protetor, regozijo-me do fundo de meu coração,
Na grande onda de teus feitos.

Das ondulantes nuvens de sabedoria e de compaixão
No espaço do vosso Corpo-Verdade, Ó Veneráveis e Sagrados
   Gurus,
Por favor, derramai uma chuva do Dharma vasto e profundo
Apropriado aos discípulos deste mundo.

Pelas virtudes que aqui acumulei,
Que a doutrina e todos os seres vivos recebam todo benefício.
Especialmente, que a essência da doutrina
Do Venerável Losang Dragpa brilhe para sempre.

Oferecer o mandala

O chão espargido com perfume e salpicado de flores,
A Grande Montanha, quatro continentes, sol e lua,
Percebidos como Terra de Buda e assim oferecidos,
Que todos os seres desfrutem dessas Terras Puras.
IDAM GURU RATNA MANDALAKAM NIRYATAYAMI

Prece *Migtsema*

Tsongkhapa, ornamento-coroa dos eruditos da Terra
   das Neves,
Tu és Avalokiteshvara, o tesouro de inobservável compaixão,
Manjushri, a suprema sabedoria imaculada,
E Vajrapani, o destruidor das hostes de maras.
Ó Losang Dragpa, peço a ti, por favor, concede tuas bênçãos.

                                          (7x, 21x, 100x, etc.)

Prece das Etapas do Caminho

O caminho começa com firme confiança
No meu bondoso mestre, fonte de todo bem;
Ó, abençoa-me com essa compreensão
Para segui-lo com grande devoção.

Esta vida humana, com todas as suas liberdades,
Extremamente rara, com tanta significação;
Ó, abençoa-me com essa compreensão,
Dia e noite, para captar a sua essência.

Meu corpo, qual bolha-d'água,
Decai e morre tão rapidamente;
Após a morte, vêm os resultados do carma,
Qual sombra de um corpo.

Com esse firme conhecimento e lembrança,
Abençoa-me, para ser extremamente cauteloso,
Evitando sempre ações nocivas
E reunindo abundante virtude.

Os prazeres do samsara são enganosos,
Não trazem contentamento, apenas tormentos;
Abençoa-me, para ter o esforço sincero
Para obter o êxtase da liberdade perfeita.

Ó, abençoa-me, para que desse pensamento puro
Resulte contínua-lembrança e imensa cautela,
A fim de manter como minha prática essencial
A raiz da doutrina, o Pratimoksha.

Assim como eu, todas as minhas bondosas mães
Estão se afogando no oceano do samsara;
Para que logo eu possa libertá-las,
Abençoa-me, para treinar a bodhichitta.

Mas não posso tornar-me um Buda
Apenas com isso, sem as três éticas;
Assim, abençoa-me com a força de praticar
Os votos do Bodhisattva.

Por pacificar minhas distrações
E analisar perfeitos sentidos,
Abençoa-me, para logo alcançar a união
Da visão superior com o tranquilo-permanecer.

Quando me tornar um puro recipiente
Pelos caminhos comuns, abençoa-me, para ingressar
Na essência da prática da boa fortuna,
O supremo veículo, Vajrayana.

As duas conquistas dependem, ambas,
De meus sagrados votos e compromissos;
Abençoa-me, para entender isso claramente
E conservá-los à custa da minha vida.

Por sempre praticar em quatro sessões
A via explicada pelos santos mestres,
Ó, abençoa-me, para obter ambos os estágios
Que são a essência dos Tantras.

Que os que me guiam no bom caminho
E meus companheiros tenham longas vidas;
Abençoa-me, para pacificar inteiramente
Todos os obstáculos internos e externos.

Que eu sempre encontre perfeitos mestres
E deleite-me no sagrado Dharma,
Conquiste todos os solos e caminhos velozmente
E obtenha o estado de Vajradhara.

Receber bênçãos e purificar

Do coração de todos os seres sagrados, fluem correntes de luz e néctar, concedendo bênçãos e purificando.

Pedidos para receber as bênçãos do Guru

Ó Glorioso e precioso Guru-raiz,
Por favor, senta-te no lótus e lua em meu coração.
Por favor, cuida de mim com tua grande bondade
E concede-me as bênçãos de teu corpo, fala e mente.

Ó Glorioso e precioso Guru-raiz,
Por favor, senta-te no lótus e lua em meu coração.
Por favor, cuida de mim com tua grande bondade
E confere-me as aquisições comuns e a suprema.

Ó Glorioso e precioso Guru-raiz,
Por favor, senta-te no lótus e lua em meu coração.
Por favor, cuida de mim com tua grande bondade
E permanece firme até que eu alcance a essência da iluminação.

Dedicatória

Por vir sendo cuidado, durante todas as minhas vidas,
Pelo Conquistador Tsongkhapa como meu Guru Mahayana,
Que eu nunca me afaste, sequer por um instante,
Desse excelente caminho louvado pelos Conquistadores.

APÊNDICE VII: JOIA-CORAÇÃO

Convidar Dorje Shugden e seu séquito

HUM
Eu tenho a clareza do Yidam.
Diante de mim, no centro de um fogo e vento rubro e negro,
Sobre um lótus e sol, pisoteando demônios e obstrutores,
Está um aterrorizante leão, que é poderoso e alerta.
Sobre ele senta-se o grande rei Dorje Shugden,
A suprema Joia-Coração dos Protetores do Dharma.
Seu corpo está vestido com as vestes de um monge
E usa na cabeça um chapéu redondo, amarelo.
Suas mãos seguram uma espada e um coração de compaixão.
Para seus seguidores, mostra uma expressão de deleite,
Mas, para subjugar demônios e obstrutores, exibe um modo irado.
Está rodeado por um vasto séquito congregado,
Tal como seu atendente Khache Marpo e assim por diante.

Raios de luz saem de meu coração e instantaneamente convidam os seres-de-sabedoria, da esfera da natureza e de todos os diferentes palácios onde residem. Eles se tornam inseparáveis dos seres de compromisso.

Fazer oferendas e pedidos

HUM
Respeitosamente, me prostro com meu corpo, fala e mente.
Ofereço uma infinidade de oferendas interiores e exteriores,
 tormas de êxtase,
Álcool, chá, bolos, leite e coalhada,
Tanto as efetivamente dispostas quanto as mentalmente
 imaginadas, preenchendo todo o espaço.

Compromisso, satisfação, confiança e substâncias apropriadas,
Oferendas exteriores, interiores, secretas, atrativas e de limpeza,
 preenchendo todo o espaço,
Faço essas oferendas a toda a assembleia;
Que eu satisfaça o compromisso-coração e restaure meus
 compromissos quebrados.

Todos os meus pensamentos e ações prejudiciais,
Que tenham ofendido tua mente, Ó Grande Protetor,
Confesso do fundo de meu coração.
Por favor, purifica-os rapidamente e cuida de mim com amor,
   como uma mãe por seu filho.

Rogo a ti, do fundo de meu coração, Ó Suprema Deidade,
Por favor, faz com que a tradição de Je Tsongkhapa floresça,
Estende a vida e as atividades dos gloriosos Gurus,
E aumenta o estudo e a prática do Dharma nas comunidades de
   Dharma.

Por favor, esteja sempre comigo como a sombra de meu corpo
E concede-me teu inabalável cuidado e proteção.
Destrói todos os obstáculos e condições adversas,
Confere condições favoráveis e satisfaz todos os meus desejos.

Agora é a hora de mostrar claramente tua versátil força,
Pelas tuas quatro ações, que são rápidas, incisivas e desimpedidas,
Para satisfazer rapidamente meus pedidos sinceros e especiais,
De acordo com os meus desejos;

Agora é a hora de distinguir a verdade e a falsidade de ações e efeitos;
Agora é a hora de eliminar as falsas acusações contra o inocente;
Agora é a hora de proteger os miseráveis e desprotegidos;
Agora é a hora de proteger os praticantes de Dharma como
   teus filhos.

Em resumo, doravante até que eu alcance a essência da iluminação,
Vou honrar-te como a corporificação de meu Guru, Deidade
   e Protetor.
Assim, por favor, zela por mim durante os três períodos do dia
   e da noite
E nunca oscile em tuas ações como meu Protetor.

Pedir a satisfação dos desejos

HUM
Sempre que teus seguidores com compromissos
Pedem qualquer uma das quatro ações,
Veloz, incisivamente e sem demora, mostras sinais para que
   todos vejam;
Assim, por favor, executa as ações que agora te peço.

O imaculado sol da tradição de Je Tsongkhapa
Brilha por todo o céu do samsara e do nirvana,
Eliminando a escuridão dos caminhos inferiores e incorretos;
Por favor, faz com que sua luz se espalhe e traga boa fortuna a todos
   os seres vivos.

Que os gloriosos Gurus que sustentam essa tradição
Tenham vidas indestrutíveis e tão estáveis quanto o supremo
   estandarte da vitória;
Que nos enviem uma chuva de feitos que satisfazem os desejos
   dos discípulos,
Para que a doutrina de Je Tsongkhapa venha a florescer.

Aumentando o estudo, a prática, a pura disciplina e a harmonia
Das comunidades que sustentam a imaculada doutrina
   de Buda
E que mantêm disciplina moral com mentes puras,
Por favor, faz com que a tradição Geden aumente como
   a Lua crescente.

Por tuas ações, por favor, satisfaz os desejos essenciais
De todos os praticantes que sustentam o estandarte da vitória
De praticar, estritamente focados, as etapas dos caminhos do
   Sutra e do Tantra,
A essência de todos os ensinamentos que eles ouviram.

Os seres por todo este grande mundo estão envolvidos em
   diferentes ações
De Dharma, não-Dharma, felicidade, sofrimento, causa e efeito;
Pelos teus habilidosos feitos de proteger e nutrir,
Por favor, conduz todos os seres ao bom caminho da
   felicidade última.

Em particular, por favor, destrói os obstáculos e as condições
   desfavoráveis,
Meus e dos demais praticantes.
Aumenta nossas vidas, nossos méritos e nossos recursos,
E reúne todas as coisas animadas e inanimadas para serem
   desfrutadas livremente.

Por favor, fica sempre comigo como a sombra de meu corpo
E cuida sempre de mim como um amigo,
Realizando rapidamente tudo o que eu desejar
E tudo o que eu te pedir.

Por favor, executa imediatamente, sem adiar por um ano ou
   sequer por um mês,
Ações adequadas para eliminar todos os obstáculos
Causados por seres desencaminhados, com mentes nocivas,
   que tentam destruir a doutrina de Je Tsongkhapa
E, especialmente, pelos que tentam prejudicar os praticantes.

Por favor, permanece sempre neste local, rodeado pelos mais
   excelentes prazeres.
Como meu convidado, compartilha continuamente de tormas
   e oferendas;
E já que és incumbido de proteger as riquezas e alegrias humanas,
Nunca osciles como meu guardião ao longo do dia e da noite.

Todas as conquistas que eu desejo
Surgem meramente por me lembrar de ti.
Ó Joia-que-Satisfaz-os-Desejos, Protetor do Dharma,
Por favor, realiza todos os meus desejos.   (3x)

Dedicatória

Por esta virtude que eu rapidamente
Alcance o estado iluminado do Guru
E, então, conduza cada ser vivo
Sem exceção a esse solo.

Por minhas virtudes de praticar com pura motivação,
Que todos os seres vivos, durante todas as suas vidas,
Nunca sejam separados do pacífico e irado Manjushri,
Mas estejam sempre sob seus cuidados.

Preces pela Tradição Virtuosa

Para que a tradição de Je Tsongkhapa,
O Rei do Dharma, floresça,
Que todos os obstáculos sejam pacificados
E todas as condições favoráveis sejam abundantes.

Pelas duas coleções, minhas e dos outros,
Reunidas ao longo dos três tempos,
Que a doutrina do Conquistador Losang Dragpa
Floresça para sempre.

Prece *Migtsema* de nove versos

Tsongkhapa, ornamento-coroa dos eruditos da Terra das Neves,
Tu és Buda Shakyamuni e Vajradhara, a fonte de todas as conquistas,
Avalokiteshvara, o tesouro de inobservável compaixão,
Manjushri, a suprema sabedoria imaculada,
E Vajrapani, o destruidor das hostes de maras.
Ó Venerável Guru Buda, síntese das Três Joias,
Com meu corpo, fala e mente, respeitosamente faço pedidos:
Peço, concede tuas bênçãos para amadurecer e libertar a mim e
    aos outros,
E confere-nos as aquisições comuns e a suprema.   (3x)

Cólofon: Esta sadhana (ou prece ritual para aquisições espirituais) foi compilada de fontes tradicionais por Venerável Geshe Kelsang Gyatso Rinpoche e traduzida sob sua compassiva orientação, 1987.

Apêndice VIII

O Ioga de Buda Heruka

A SADHANA ESSENCIAL DE AUTOGERAÇÃO
DO MANDALA DE CORPO DE HERUKA

Introdução

AQUELES QUE RECEBERAM a iniciação do mandala de corpo de Heruka, mas não conseguem praticar a sadhana extensa, *Essência do Vajrayana*, podem praticar esta breve sadhana que contém a essência da prática do mandala de corpo de Heruka. É muito importante melhorar nossa compreensão e fé nesta preciosa prática por meio do estudo sincero do seu comentário, apresentado no capítulo *A Prática do Mandala de Corpo de Heruka*, que faz parte do livro *Budismo Moderno*. Podemos então, tendo compreendido claramente seu significado e com forte fé, ingressar, fazer progressos e concluir o caminho rápido ao estado iluminado de Buda Heruka.

Geshe Kelsang Gyatso
Abril de 2010

O Ioga de Buda Heruka

PRELIMINARES

Buscar refúgio

Eu e todos os seres sencientes, até alcançarmos a iluminação,
Nos refugiamos em Buda, Dharma e Sangha. (3x)

Gerar o supremo bom coração, a bodhichitta

Pelas virtudes que coleto, praticando o dar e as outras perfeições,
Que eu me torne um Buda para o benefício de todos. (3x)

Guru-Ioga

VISUALIZAÇÃO E MEDITAÇÃO

No espaço a minha frente está Guru Sumati Buda Heruka – Je Tsongkhapa inseparável de meu Guru-raiz, de Buda Shakyamuni e de Heruka – rodeado por todos os Budas das dez direções.

CONVIDAR OS SERES-DE-SABEDORIA

Do coração do Protetor das centenas de Deidades da Terra Alegre,
Ao topo de uma nuvem, como coalhada branca e fresca,
Ó Todo-Conhecedor Losang Dragpa, Rei do Dharma,
Por favor, vem a este lugar juntamente com teus Filhos.

Neste ponto, imaginamos que o ser-de-sabedoria Je Tsongkhapa, juntamente com seu séquito, dissolve-se na assembleia de Guru Sumati Buda Heruka e eles se tornam não-duais.

A PRÁTICA DOS SETE MEMBROS

No espaço a minha frente, sobre um trono de leões, lótus e lua,
Os veneráveis Gurus sorriem com deleite.
Ó Supremo Campo de Mérito para a minha mente de fé,
Por favor, permanece por cem éons para difundir a doutrina.

Tua mente de sabedoria compreende a extensão integral dos
    objetos de conhecimento,
Tua eloquente fala é o ornamento-orelha dos afortunados,
Teu lindo corpo brilha com a glória do renome,
Prostro-me a ti, que és tão significativo de ver, ouvir e recordar.

Agradáveis oferendas de água, diversas flores,
Incenso de doce aroma, luzes, água perfumada e assim por diante,
Uma vasta nuvem de oferendas, tanto as efetivas como as imaginadas,
Ofereço a ti, Ó Supremo Campo de Mérito.

Sejam quais forem as não-virtudes de corpo, fala e mente
Que tenho acumulado desde tempos sem início,
Especialmente as transgressões dos meus três votos,
Com grande remorso, confesso uma a uma do fundo de meu coração.

Nesta era degenerada, te empenhaste em muito estudo e realização.
Abandonando os oito interesses mundanos, tornaste significativos
    tuas liberdades e dotes.
Ó Protetor, regozijo-me do fundo de meu coração,
Na grande onda de teus feitos.

Das ondulantes nuvens de sabedoria e de compaixão
No espaço do vosso Corpo-Verdade, Ó Veneráveis e Sagrados Gurus,
Por favor, derramai uma chuva do Dharma vasto e profundo
Apropriado aos discípulos deste mundo.

Do teu verdadeiro corpo imortal, nascido da clara-luz-significativa,
Por favor, envia incontáveis emanações ao mundo inteiro
Para difundir a linhagem oral da doutrina Ganden
E que elas permaneçam por muito tempo.

Pelas virtudes que aqui acumulei,
Que a doutrina e todos os seres vivos recebam todo benefício.
Especialmente, que a essência da doutrina
Do Venerável Losang Dragpa brilhe para sempre.

OFERECER O MANDALA

O chão espargido com perfume e salpicado de flores,
A Grande Montanha, quatro continentes, sol e lua,
Percebidos como Terra de Buda e assim oferecidos,
Que todos os seres desfrutem dessas Terras Puras.

Ofereço, sem nenhum sentimento de perda,
Os objetos que fazem surgir meu apego, ódio e confusão,
Meus amigos, inimigos e estranhos, nossos corpos e prazeres;
Peço, aceita-os e abençoa-me, livrando-me diretamente dos três
    venenos.

IDAM GURU RATNA MANDALAKAM NIRYATAYAMI

FAZER PEDIDOS ESPECIAIS

Ó Guru Sumati Buda Heruka, de agora em diante até que eu
    alcance a iluminação,
Não buscarei outro refúgio além de ti.
Por favor, pacifica meus obstáculos e concede-me
As duas aquisições, a libertadora e a de amadurecimento.
Por favor, abençoa-me para que eu me torne o Heruka
    definitivo,
O estado no qual experienciarei todos os fenômenos como
    purificados e reunidos na vacuidade, inseparável do grande
    êxtase. (3x)

GERAR A EXPERIÊNCIA DE GRANDE ÊXTASE E VACUIDADE

Por ter feito pedidos desse modo, todos os Budas das dez direções se dissolvem em Je Tsongkhapa, que é inseparável de meu Guru-raiz; Je Tsongkhapa se dissolve em Buda Shakyamuni, que está em seu coração; e Buda Shakyamuni se dissolve em Heruka, que está em seu coração. Com deleite, Guru Heruka, que é da natureza da união de grande êxtase e vacuidade, ingressa em meu corpo pela minha coroa e se dissolve em minha mente, no meu coração. Porque Heruka, que é da natureza da união de grande êxtase e vacuidade, torna-se inseparável da minha mente, minha mente se transforma na união de grande êxtase e vacuidade de todos os fenômenos.

Meditamos nessa crença com concentração estritamente focada. Essa meditação é denominada "treinar o Guru-Ioga definitivo". Devemos repetir a prática de pedidos especiais e meditação muitas e muitas vezes, até que acreditemos, de maneira espontânea, que nossa mente se transformou na união de grande êxtase e vacuidade.

A AUTOGERAÇÃO PROPRIAMENTE DITA

No vasto espaço da vacuidade de todos os fenômenos, a natureza de minha purificada aparência equivocada de todos os fenômenos – que é a Terra Pura de Keajra – eu apareço como Buda Heruka, com um corpo azul, quatro faces e doze braços, a natureza de minha gota branca indestrutível purificada. Abraço Vajravarahi, a natureza de minha gota vermelha indestrutível purificada. Estou rodeado pelos Heróis e Heroínas das Cinco Rodas, que são a natureza de meu corpo sutil purificado – os canais e as gotas. Resido no mandala, a mansão celestial, que é a natureza de meu corpo denso purificado. Embora eu tenha essa aparência, ela não é outra senão a vacuidade de todos os fenômenos.

Neste ponto, (1) enquanto experienciamos grande êxtase e vacuidade, (2) meditamos, com orgulho divino, na clara aparência do mandala e das Deidades, enquanto (3) reconhecemos que as Deidades são a natureza dos nossos canais e gotas purificados (que são o nosso corpo sutil) e que o mandala é a natureza do nosso corpo denso purificado.

Desse modo, em uma única meditação, treinamos sinceramente o estágio de geração, que possui essas três características. Mantendo a terceira característica (o reconhecimento das Deidades como sendo a natureza do nosso corpo sutil purificado, e o mandala como sendo a natureza do nosso corpo denso purificado) tornamos essa concentração numa verdadeira meditação do mandala de corpo.

Se desejarmos praticar a meditação do estágio de conclusão, devemos nos transformar, por meio de imaginação, de Heruka com quatro faces e doze braços em Heruka com uma face e dois braços. Fazemos, então, as meditações do canal central, gota indestrutível, vento indestrutível, a meditação tummo e assim por diante.

Quando precisarmos descansar da meditação, podemos praticar a recitação de mantra.

Recitar os mantras

O MANTRA-ESSÊNCIA DE HERUKA

Em meu coração, está o ser-de-sabedoria Buda Heruka – Heruka definitivo.

Ó Glorioso Vajra Heruka, tu que desfrutas
O corpo-ilusório divino e a mente de clara-luz,
Por favor, pacifica meus obstáculos e concede-me
As duas aquisições, a libertadora e a de amadurecimento.
Por favor, abençoa-me para que eu me torne Heruka definitivo,
O estado no qual experienciarei todos os fenômenos como
   purificados e reunidos na vacuidade, inseparável do grande
   êxtase.

OM SHRI VAJRA HE HE RU RU KAM HUM HUM PHAT DAKINI
   DZALA SHAMBARAM SÖHA

                                      (21x, 100x, etc.)

O MANTRA TRI-OM DE VAJRAYOGINI

No coração da Vajrayogini imaginada (Vajravarahi) está o ser--de-sabedoria Buda Vajrayogini – Vajrayogini definitiva.

OM OM OM SARWA BUDDHA DAKINIYE VAJRA WARNANIYE VAJRA BEROTZANIYE HUM HUM HUM PHAT PHAT PHAT SÖHA

Recite, no mínimo, a quantidade de mantras que você prometeu.

O mantra "Tri-OM" é a união do mantra-essência e do mantra-essência aproximador de Vajravarahi. O significado desse mantra é apresentado a seguir. Com OM OM OM chamamos Vajrayogini – a principal Deidade – e seu séquito de Heroínas das três rodas. SARWA BUDDHA DAKINIYE significa que Vajrayogini é a síntese das mentes de todos os Budas, VAJRA WARNANIYE significa que ela é a síntese da fala de todos os Budas, e VAJRA BEROTZANIYE significa que ela é a síntese dos corpos de todos os Budas. Com HUM HUM HUM estamos rogando a Vajrayogini e seus séquitos que nos concedam as aquisições de corpo, fala e mente de todos os Budas. Com PHAT PHAT PHAT estamos rogando a Vajrayogini e seus séquitos que pacifiquem nosso principal obstáculo – a aparência equivocada sutil do nosso corpo, fala e mente; e SÖHA significa "por favor, estabeleçam dentro de mim o fundamento básico para todas essas aquisições".

O MANTRA CONDENSADO DAS 62 DEIDADES DO MANDALA DE CORPO DE HERUKA

No coração de cada uma das 62 Deidades está o seu ser-de--sabedoria individual, sua própria Deidade definitiva.

OM HUM BAM RIM RIM LIM LIM, KAM KHAM GAM GHAM NGAM, TSAM TSHAM DZAM DZHAM NYAM, TrAM THrAM DrAM DHrAM NAM, TAM THAM DAM DHAM NAM, PAM PHAM BAM BHAM, YAM RAM LAM WAM, SHAM KAM SAM HAM HUM HUM PHAT

(7x, 21x, 100x, etc.)

Quando recitamos esse mantra, estamos fazendo pedidos ao ser-de-sabedoria Buda Heruka com Vajravarahi, juntamente com seu séquito de Heróis e Heroínas das Cinco Rodas, que pacifique nosso obstáculo da aparência equivocada sutil e nos conceda as aquisições da Terra Dakini exterior e interior. A Terra Dakini exterior é a Terra Pura de Keajra, e a Terra Dakini interior é a clara-luz-significativa. No momento em que nossa mente estiver livre da aparência equivocada sutil, abriremos a porta pela qual poderemos ver diretamente todas as Deidades iluminadas. Essa porta permanecerá fechada enquanto nossa mente continuar poluída pela aparência equivocada sutil.

Dedicatória

Assim, por minhas virtudes de corretamente fazer as oferendas,
    louvores, recitações e meditações
Do estágio de geração do Glorioso Heruka,
Que eu complete todas as etapas
Dos caminhos comum e incomum.

Para o benefício de todos os seres vivos
Que eu me torne Heruka;
E, então, conduza cada ser vivo
Ao estado supremo de Heruka.

E, se eu não alcançar esse estado supremo nesta vida,
Que eu seja encontrado, na hora da minha morte, pelos Veneráveis
    Pai e Mãe e seus séquitos,
Com nuvens de oferendas extremamente belas, música celestial,
E muitos sinais auspiciosos e excelentes.

Então, ao final da clara-luz da morte,
Que eu seja conduzido à Terra Pura de Keajra,
A morada dos Detentores do Saber, que praticam o caminho
    supremo;
E que, ali, eu complete rapidamente esse caminho profundo.

Que a mais profunda prática e instrução de Heruka,
Praticada por milhões de poderosos iogues, aumente imensamente;
E que ela permaneça por muito tempo sem se degenerar,
Como a entrada principal para os que buscam libertação.

Que os Heróis, Dakinis e seus séquitos,
Que residem nos vinte e quatro lugares supremos deste mundo,
Que possuem um poder livre de obstruções para realizarem
   este método,
Nunca oscilem em ajudar continuamente os praticantes.

Preces auspiciosas

Que haja a auspiciosidade de um grande tesouro de bênçãos
Surgindo dos excelentes feitos do Guru-raiz e de todos
   os Gurus-linhagem,
Que realizaram a suprema aquisição de Buda Heruka
Por confiarem no excelente caminho secreto do Rei dos Tantras.

Que haja a auspiciosidade dos grandes e excelentes feitos das
   Três Joias –
A sagrada Joia Buda, a natureza de Heruka que tudo permeia, o
   Heruka definitivo;
A magnífica e secreta Joia Dharma última, as escrituras e
   realizações do Tantra de Heruka;
E a suprema Joia Sangha, as assembleias das Deidades do séquito
   de Heruka.

Por toda a grande boa fortuna que existe
Nas preciosas mansões celestiais, tão extensas como os três mil
   mundos,
Adornadas com ornamentos semelhantes aos raios do sol e da lua,
Que todos os mundos e seus seres tenham felicidade, bondade,
   glória e prosperidade.

Preces pela Tradição Virtuosa

Para que a tradição de Je Tsongkhapa,
O Rei do Dharma, floresça,
Que todos os obstáculos sejam pacificados
E todas as condições favoráveis sejam abundantes.

Pelas duas coleções, minhas e dos outros,
Reunidas ao longo dos três tempos,
Que a doutrina do Conquistador Losang Dragpa
Floresça para sempre.

Prece *Migtsema* de nove versos

Tsongkhapa, ornamento-coroa dos eruditos da Terra das Neves,
Tu és Buda Shakyamuni e Vajradhara, a fonte de todas as conquistas,
Avalokiteshvara, o tesouro de inobservável compaixão,
Manjushri, a suprema sabedoria imaculada,
E Vajrapani, o destruidor das hostes de maras.
Ó Venerável Guru Buda, síntese das Três Joias,
Com meu corpo, fala e mente, respeitosamente faço pedidos:
Peço, concede tuas bênçãos para amadurecer e libertar a mim e
   aos outros,
E confere-nos as aquisições comuns e a suprema.   (3x)

Cólofon: Esta sadhana (ou prece ritual para as aquisições espirituais de Buda Heruka) foi compilada de fontes tradicionais por Venerável Geshe Kelsang Gyatso em junho de 2009 e revisada em abril de 2010 e dezembro de 2012.

Glossário

Absorção da cessação Uma sabedoria incontaminada, concentrada de modo estritamente focado na vacuidade, na dependência da efetiva absorção do topo do samsara. Consultar *Oceano de Néctar*.

Agregado Em geral, todas as coisas funcionais são agregados porque são uma agregação de suas partes. Em particular, uma pessoa do reino do desejo ou do reino da forma tem cinco agregados: os agregados forma, sensação, discriminação, fatores de composição e consciência. Um ser do reino da sem-forma carece de agregado forma, mas possui os demais quatro agregados. O agregado forma de uma pessoa é o seu corpo. Os quatro agregados restantes são aspectos de sua mente. Ver também agregado(s) contaminado(s). Consultar *Novo Coração de Sabedoria*.

Agregado(s) contaminado(s) Qualquer um dos agregados forma, sensação, discriminação, fatores de composição e consciência de um ser samsárico. Ver também agregado. Consultar *Novo Coração de Sabedoria*.

Akanishta Uma Terra Pura onde Bodhisattvas alcançam a iluminação. Consultar *Clara-Luz de Êxtase*.

Aparência dual Aparência de um objeto à mente juntamente com a aparência da existência inerente do objeto. Consultar *Novo Coração de Sabedoria*.

Apego Fator mental deludido que observa um objeto contaminado, considera-o como causa de felicidade e deseja-o. Consultar *Caminho Alegre da Boa Fortuna* e *Como Entender a Mente*.

Aquisição "*Siddhi*" em sânscrito. Existem dois tipos de aquisição: as aquisições comuns e as aquisições supremas. Aquisições comuns são de quatro tipos principais: aquisições pacificadoras (a habilidade de purificar negatividade, superar obstáculos e curar doenças), aquisições crescentes (a habilidade de aumentar as realizações de Dharma, mérito, tempo de vida e riqueza), aquisições controladoras (a habilidade de alguém em controlar sua própria mente e ações e a mente e ações dos outros) e aquisições iradas (a habilidade de utilizar ações iradas, quando isso for apropriado, para beneficiar os outros). As aquisições supremas são as realizações especiais de um Buda. Consultar *Solos e Caminhos Tântricos*.

Arrependimento Fator mental que sente remorso pelas ações feitas no passado. Consultar *Como Entender a Mente* e *Contemplações Significativas*.

Atenção Fator mental que atua para focar a mente em um atributo específico de um objeto. Consultar *Como Entender a Mente*.

Atisha (982-1054) Famoso erudito budista indiano e mestre de meditação. Ele foi abade do grande monastério budista de Vikramashila durante o período em que o Budismo Mahayana florescia na Índia. Foi convidado, posteriormente, a ir ao Tibete com o objetivo de reintroduzir o puro Budismo naquele país. Ele é o autor do primeiro texto sobre as etapas do caminho, *Luz para o Caminho*. Sua tradição ficou conhecida posteriormente como "a Tradição Kadampa". Consultar *Caminho Alegre da Boa Fortuna*.

Autoapreço Atitude mental que faz com que alguém se considere supremamente precioso e importante. O autoapreço é considerado o principal objeto a ser abandonado pelos Bodhisattvas. Consultar

Budismo Moderno, Oito Passos para a Felicidade e *Contemplações Significativas*.

Avalokiteshvara A corporificação da compaixão de todos os Budas. Algumas vezes, Avalokiteshvara aparece com uma face e quatro braços e, outras vezes, com onze faces e mil braços. No tempo de Buda Shakyamuni, Avalokiteshvara manifestou-se como um discípulo Bodhisattva. Em tibetano, ele é chamado "Chenrezig". Consultar *Viver Significativamente, Morrer com Alegria*.

Base de imputação Todos os fenômenos são imputados sobre suas partes. Por essa razão, qualquer uma das partes individuais ou a coleção completa das partes de qualquer fenômeno é a sua base de imputação. Um fenômeno é imputado pela mente na dependência da base de imputação do fenômeno que aparece à mente. Consultar *Novo Coração de Sabedoria* e *Oceano de Néctar*.

Bênção Transformação da nossa mente de um estado negativo para um estado positivo, de um estado infeliz para um estado feliz, de um estado de fraqueza para um estado de vigor, pela inspiração de seres sagrados, como nosso Guia Espiritual, Budas e Bodhisattvas.

Bhaga Palavra sânscrita para o órgão sexual feminino.

Bodhichitta Palavra sânscrita para "mente de iluminação". "*Bodhi*" significa "iluminação", e "*chitta*" significa "mente". Existem dois tipos de bodhichitta: bodhichitta convencional e bodhichitta última. Em linhas gerais, o termo "bodhichitta" refere-se à bodhichitta convencional, que é uma mente primária motivada por grande compaixão que busca, espontaneamente, a iluminação para beneficiar todos os seres vivos. Há dois tipos de bodhichitta convencional: a bodhichitta aspirativa e a bodhichitta de compromisso. A bodhichitta última é uma sabedoria motivada pela bodhichitta convencional e que realiza diretamente a vacuidade, a natureza última dos fenômenos. Consultar *Budismo Moderno*, *Caminho Alegre da Boa Fortuna* e *Contemplações Significativas*.

Bodhisattva Uma pessoa que gerou a bodhichitta espontânea, mas que ainda não se tornou um Buda. A partir do momento que um praticante gera a bodhichitta não artificial, ou espontânea, ele (ou ela) torna-se um Bodhisattva e ingressa no primeiro Caminho Mahayana, o Caminho da Acumulação. Um Bodhisattva comum é um Bodhisattva que não realizou a vacuidade diretamente, e um Bodhisattva superior é um Bodhisattva que obteve uma realização direta da vacuidade. Consultar *Caminho Alegre da Boa Fortuna* e *Contemplações Significativas*.

Buda Shakyamuni O Buda que é o fundador da religião budista. Consultar *Introdução ao Budismo*.

Campo de Mérito Geralmente, refere-se às Três Joias. Assim como sementes exteriores crescem num campo de cultivo, as sementes virtuosas interiores, produzidas pelas ações virtuosas, crescem na dependência da Joia Buda, da Joia Dharma e da Joia Sangha. Também conhecido como "Campo para Acumular Mérito".

Carma Termo sânscrito que significa "ação". Por força de intenção, fazemos ações com nosso corpo, fala e mente, e todas essas ações produzem efeitos. O efeito das ações virtuosas é felicidade, e o efeito das ações negativas é sofrimento. Consultar *Caminho Alegre da Boa Fortuna*.

Chandrakirti (por volta do século VII) Grande erudito budista indiano e mestre de meditação que escreveu, dentre muitos outros livros, o famoso *Guia ao Caminho do Meio*, no qual elucida claramente a visão da escola Madhyamika-Prasangika de acordo com os ensinamentos de Buda dados nos *Sutras Perfeição de Sabedoria*. Consultar *Oceano de Néctar*.

Coisa funcional Fenômeno que é produzido e que se desintegra dentro do mesmo instante, ou momento. *Fenômeno impermanente*, *coisa* e *produto* são sinônimos de coisa funcional. Ver também fenômeno impermanente.

Compromissos Promessas e juramentos tomados quando nos empenhamos em determinadas práticas espirituais.

Concentração Fator mental que faz sua mente primária permanecer estritamente focada em seu objeto. Consultar *Caminho Alegre da Boa Fortuna*, *Contemplações Significativas* e *Como Entender a Mente*.

Conhecedor válido Conhecedor que é não enganoso com respeito ao seu objeto conectado. Existem dois tipos de conhecedor válido: conhecedores válidos inferentes e conhecedores válidos diretos. Consultar *Como Entender a Mente*.

Conhecedor válido subsequente Um conhecedor completamente confiável, cujo objeto é compreendido ou realizado na dependência direta de uma razão conclusiva. Consultar *Como Entender a Mente*.

Contato Fator mental que atua para perceber seu objeto como agradável, desagradável ou neutro. Consultar *Como Entender a Mente*.

Contínua-lembrança Fator mental que atua para não esquecer o objeto compreendido pela mente primária. Consultar *Como Entender a Mente*, *Contemplações Significativas* e *Clara-Luz de Êxtase*.

Continuum mental O continuum da mente, ou fluxo mental, que não tem começo nem fim.

Deidade "*Yidam*" em tibetano. Um ser iluminado tântrico.

Delusão Fator mental que surge de atenção imprópria e que atua tornando a mente perturbada e descontrolada. Existem três delusões principais: ignorância, apego desejoso e ódio. Delas surgem todas as demais delusões, como inveja, orgulho e dúvida deludida. Ver também delusões inatas e delusões intelectualmente formadas. Consultar *Como Entender a Mente*.

Delusões inatas Delusões que não são produzidas por especulação intelectual, mas que surgem naturalmente. Consultar *Como Entender a Mente*.

Delusões intelectualmente formadas Delusões que surgem como resultado de confiarmos em raciocínios incorretos ou em princípios ou doutrinas equivocadas. Consultar *Como Entender a Mente*.

Deus, Deuses *"Deva"* em sânscrito. Seres do reino dos deuses, o mais elevado dos seis reinos do samsara. Existem muitos tipos diferentes de deuses. Alguns são deuses do reino do desejo, ao passo que outros são deuses dos reinos da forma e da sem-forma. Consultar *Caminho Alegre da Boa Fortuna*.

Dharmakirti (por volta do século VI–VII) Grande iogue e erudito budista indiano, que escreveu *Comentário à Cognição Válida*, um comentário ao *Compêndio da Cognição Válida*, escrito por seu Guia Espiritual Dignaga. Consultar *Como Entender a Mente*.

Disciplina moral É a determinação mental virtuosa de abandonar qualquer falha, ou a ação física ou verbal motivada por essa determinação. Consultar *Caminho Alegre da Boa Fortuna* e *Contemplações Significativas*.

Discriminação Fator mental que atua apreendendo os sinais particulares de um objeto. Consultar *Como Entender a Mente*.

Doze elos dependente-relacionados Ignorância dependente-relacionada, ações de composição dependente-relacionadas, consciência dependente-relacionada, nome e forma dependente-relacionados, seis fontes dependente-relacionadas, contato dependente-relacionado, sensação dependente-relacionada, anseio dependente-relacionado, avidez dependente-relacionada, existência dependente-relacionada, nascimento dependente-relacionado e envelhecimento e morte dependente-relacionados. Esses doze elos são causas e efeitos que mantêm os seres comuns presos ao samsara. Consultar *Caminho Alegre da Boa Fortuna* e *Novo Coração de Sabedoria*.

Elementos Terra, água, fogo, vento e espaço. Pode-se dizer que toda matéria é constituída de uma combinação desses elementos. Há cinco elementos interiores (que estão associados com o continuum de uma pessoa) e cinco elementos exteriores (que não estão associados com o continuum de uma pessoa). Esses elementos não são o mesmo que a terra do chão ou de um campo, a água de um rio, e assim por diante. Em vez disso, os elementos terra, água, fogo vento e espaço designam, em termos amplos, as propriedades de solidez, fluidez, calor, movimento e espaço, respectivamente.

Emanação Forma animada ou inanimada manifestada pelos Budas ou elevados Bodhisattvas para o benefício dos outros.

Escolas de princípios filosóficos budistas São as quatro visões filosóficas ensinadas por Buda de acordo com as inclinações e disposições dos discípulos. Essas quatro visões filosóficas são as escolas Vaibhashika, Sautrantika, Chittamatra e Madhyamika. As primeiras duas são escolas hinayana, e as duas últimas são escolas mahayana. Essas escolas são estudadas em sequência, sendo os princípios filosóficos inferiores os meios pelos quais os princípios superiores são compreendidos. Consultar *Contemplações Significativas* e *Oceano de Néctar*.

Escritura Emanação Kadam Essa escritura é também conhecida como "Escritura Emanação Ganden". É uma escritura especial, da natureza da sabedoria de Manjushri, revelada diretamente a

Je Tsongkhapa por Manjushri. A *Escritura Emanação Ganden* contém: instruções sobre o Mahamudra Vajrayana; *Oferenda ao Guia Espiritual* (ou *Lama Chopa*); *As Centenas de Deidades da Terra Alegre* (ou *Ganden Lhagyema*); a prece *Migtsema;* e seis sadhanas de Manjushri. A *Escritura Emanação Kadam* não foi escrita com letras comuns, e apenas seres altamente realizados podem consultá-la diretamente. No início, as instruções dessa escritura eram transmitidas oralmente de professor para discípulo e, por essa razão, a linhagem tornou-se conhecida como "A Linhagem Sussurrada Incomum da Tradição Virtuosa", ou "Linhagem Sussurrada Ensa". Ela também é conhecida como "A Linhagem Próxima Incomum" porque foi revelada diretamente a Je Tsongkhapa por Manjushri. Posteriormente, eruditos como o primeiro Panchen Lama (1569–1662) escreveram as instruções dessas escrituras em letras comuns. Consultar *Grande Tesouro de Mérito* e *Joia-Coração*.

Espírito faminto Ser do reino dos espíritos famintos, o segundo reino mais inferior dos seis reinos do samsara (o inferno é o mais inferior de todos). Esses seres também são conhecidos como "fantasmas famintos". Consultar *Caminho Alegre da Boa Fortuna*.

Estado intermediário *"Bardo"* em tibetano. O estado entre a morte e o renascimento. O estado intermediário começa no momento em que a consciência deixa o corpo, e ele cessa no momento em que a consciência ingressa no corpo da próxima vida. Consultar *Caminho Alegre da Boa Fortuna* e *Clara-Luz de Êxtase*.

Faculdade sensorial Poder-energia interior localizado bem no centro do órgão sensorial e que atua diretamente para gerar a percepção visual. Existem cinco faculdades sensoriais, uma para cada tipo de percepção sensorial: a percepção visual, e assim por diante. As faculdades sensoriais são, algumas vezes, conhecidas como "faculdades sensoriais possuidoras de forma". Consultar *Como Entender a Mente*.

Famílias Búdicas Existem Cinco Famílias Búdicas: as famílias de Vairochana, Ratnasambhava, Amitabha, Amoghasiddhi e Akshobya. As Cinco Famílias são os cinco agregados purificados (forma, sensação, discriminação, fatores de composição e consciência, respectivamente) e as cinco excelsas sabedorias (excelsa sabedoria semelhante-a-um-espelho, excelsa sabedoria da igualdade, excelsa sabedoria da análise individual, excelsa sabedoria de realizar atividades e excelsa sabedoria do Dharmadhatu, respectivamente). Consultar *Grande Tesouro de Mérito*.

Fator mental Conhecedor que apreende, principalmente, um atributo específico de um objeto. Existem 51 fatores mentais específicos. Cada momento da mente contém uma mente primária e vários fatores mentais. Consultar *Como Entender a Mente*.

Fé Mente naturalmente virtuosa que atua principalmente para se opor à percepção de falhas em seu objeto observado. Existem três tipos de fé: fé de acreditar, fé de admirar e fé de almejar. Consultar *Caminho Alegre da Boa Fortuna, Como Entender a Mente* e *Transforme sua Vida*.

Fenômeno impermanente Os fenômenos são permanentes ou impermanentes. "Impermanente" significa "momentâneo"; assim, um fenômeno impermanente é um fenômeno que é produzido e se desintegra dentro do mesmo instante, ou momento. *Coisa funcional, coisa* e *produto* são sinônimos de fenômeno impermanente. Existem dois tipos de impermanência: densa e sutil. Impermanência densa é qualquer impermanência que possa ser percebida por uma percepção sensorial comum – por exemplo, o envelhecimento e a morte de um ser senciente. A impermanência sutil é a desintegração instantânea (dentro do mesmo instante) de uma coisa funcional. Consultar *Novo Coração de Sabedoria*.

Fenômeno permanente Os fenômenos são permanentes ou impermanentes. Um fenômeno permanente é um fenômeno que não depende de causas e não se desintegra momento a momento. Ele carece das características de ser produzido, permanecer e se desintegrar.

Fogo interior *"Tummo"* em tibetano. Calor interior localizado no centro da roda-canal do umbigo. Consultar *Clara-Luz de Êxtase*.

Geshe Título concedido pelos monastérios kadampa para eruditos budistas realizados. Geshe é uma abreviação da expressão tibetana *"ge wai she nyem"*, que significa, literalmente, "amigo virtuoso".

Geshe Chekhawa (1102-1176) Um grande Bodhisattva kadampa que escreveu o texto *Treinar a Mente em Sete Pontos*, um comentário às *Oito Estrofes do Treino da Mente*, do Bodhisattva Langri Tangpa. Geshe Chekhawa difundiu o estudo e a prática do treino da mente por todo o Tibete. Consultar *Compaixão Universal*.

Ghantapa Um grande Mahasiddha indiano e Guru-linhagem das práticas do Tantra Ioga Supremo de Heruka e de Vajrayogini. Consultar *Novo Guia à Terra Dakini*.

Guia Espiritual *"Guru"* em sânscrito e *"Lama"* em tibetano. O professor que nos guia ao longo do caminho espiritual. Consultar *Caminho Alegre da Boa Fortuna* e *Grande Tesouro de Mérito*.

Guia Espiritual Vajrayana Guia Espiritual tântrico plenamente qualificado. Consultar *Grande Tesouro de Mérito*.

Gurus-linhagem Continuum, ou série, de Guias Espirituais por meio dos quais uma instrução específica tem sido transmitida.

Gyalwa Ensapa (1505-1566) Grande iogue e Guru-linhagem do Mahamudra, que conquistou a iluminação em três anos. Consultar *Grande Tesouro de Mérito*.

Heróis e Heroínas Heróis são seres iluminados tântricos masculinos, e Heroínas são seres iluminados tântricos femininos.

Hevajra Principal Deidade do Tantra-Mãe. Consultar *Grande Tesouro de Mérito*.

Ignorância Fator mental que está confuso sobre a natureza última dos fenômenos. Consultar *Como Entender a Mente*.

Imagem genérica O objeto aparecedor para uma mente conceitual. A imagem genérica, ou imagem mental, de um objeto é como o reflexo desse objeto. A mente conceitual conhece seu objeto por meio da aparência da imagem genérica desse objeto, mas não por ver o objeto diretamente. Consultar *Novo Coração de Sabedoria* e *Como Entender a Mente*.

Intenção Fator mental que atua para mover sua mente primária para o objeto. Esse fator mental faz com que a mente se envolva com objetos virtuosos, não virtuosos e neutros. Todas as ações físicas e verbais são iniciadas pelo fator mental intenção. Consultar *Como Entender a Mente*.

Inveja Fator mental deludido que sente desprazer quando observa os prazeres, boas qualidades ou boa sorte dos outros. Consultar *Como Entender a Mente*.

Ioga Termo utilizado para várias práticas espirituais que requerem a manutenção de uma visão especial, como as práticas de Guru-Ioga e os iogas de dormir, acordar e experienciar néctar. "Ioga" refere-se também a "união", como a união do tranquilo-permanecer com a visão superior. Consultar *Novo Guia à Terra Dakini*.

Iogue/Ioguine Termos sânscritos normalmente utilizados para se referir a um meditador masculino ou feminino que alcançou a união do tranquilo-permanecer com a visão superior.

Je Tsongkhapa (1357-1419) Uma emanação do Buda da Sabedoria Manjushri. Sua aparição no século XIV como um monge e detentor da linhagem da visão pura e de feitos puros, no Tibete, foi profetizada por Buda. Je Tsongkhapa difundiu um Budadharma muito puro por todo o Tibete, mostrando como combinar as práticas de Sutra e de Tantra e como praticar o puro Dharma durante tempos degenerados. Sua tradição ficou conhecida posteriormente como "Gelug", ou "Tradição Ganden". Consultar *Joia-Coração* e *Grande Tesouro de Mérito*.

Kagyu A tradição que surgiu dos ensinamentos de Marpa, mestre budista tibetano que viveu no século XI.

Linhagem Continuum (*line*, em inglês) de instruções transmitido de Guia Espiritual para discípulo, em que cada Guia Espiritual da linhagem obteve uma experiência pessoal da instrução antes de passá-la para os outros.

Losang Dragpa "Sumati Kirti" em sânscrito. É o nome de ordenação de Je Tsongkhapa. Consultar *Grande Tesouro de Mérito*.

Madhyamika Termo sânscrito que literalmente significa "Caminho do Meio". É a mais elevada das duas escolas de princípios filosóficos mahayana. A visão Madhyamika foi ensinada por Buda nos *Sutras Perfeição de Sabedoria* durante a segunda girada da Roda do Dharma e foi elucidada, posteriormente, por Nagarjuna e seus seguidores. Existem duas divisões dessa escola: Madhyamika-Svatantrika e Madhyamika-Prasangika. A escola Madhyamika-Prasangika é a visão última e conclusiva de Buda. Consultar *Contemplações Significativas* e *Oceano de Néctar*.

Mahasiddha Termo sânscrito que significa "grandemente realizado". O termo *Mahasiddha* é utilizado para se referir a iogues ou ioguines com elevadas aquisições.

Mahayana Termo sânscrito para "Grande Veículo", o caminho espiritual à grande iluminação. A meta mahayana é conquistar a Budeidade para o benefício de todos os seres sencientes, pelo abandono completo das delusões e de suas marcas. Consultar *Caminho Alegre da Boa Fortuna* e *Contemplações Significativas*.

Maitreya A corporificação da bondade amorosa de todos os Budas. No tempo de Buda Shakyamuni, Maitreya manifestou-se como um discípulo Bodhisattva a fim de mostrar, aos discípulos de Buda, como ser um perfeito discípulo mahayana. No futuro, Maitreya irá se manifestar como o quinto Buda fundador.

Mala Rosário utilizado para contar recitações de preces ou mantras. Normalmente, o mala possui cento e oito contas.

Mandala Normalmente, "mandala" refere-se à mansão celestial na qual uma Deidade tântrica habita ou ao ambiente ou Deidades de uma Terra Pura Búdica. Consultar *Novo Guia à Terra Dakini* e *Essência do Vajrayana*.

Mandala de corpo A transformação, em uma Deidade, de qualquer parte do corpo, seja de alguém autogerado como uma Deidade, seja de uma Deidade gerada em-frente. Consultar *Novo Guia à Terra Dakini*, *Grande Tesouro de Mérito* e *Essência do Vajrayana*.

Manjushri A corporificação da sabedoria de todos os Budas. No tempo de Buda Shakyamuni, Manjushri manifestou-se como um discípulo Bodhisattva a fim de mostrar, aos discípulos de Buda, como ser um perfeito discípulo mahayana. Consultar *Grande Tesouro de Mérito* e *Joia-Coração*.

Mantra Termo sânscrito que significa literalmente "proteção da mente". O mantra protege a mente das aparências e concepções comuns. Existem quatro tipos de mantra: mantras que são mente, mantras que são vento interior, mantras que são som e mantras que são forma. Em geral, existem três tipos de recitação de mantra: recitação verbal, recitação mental e recitação vajra. Consultar *Solos e Caminhos Tântricos*.

Mara Termo sânscrito para "demônio". Refere-se a qualquer coisa que obstrua a conquista da libertação ou da iluminação. Existem quatro tipos principais de mara: o mara das delusões, o mara dos agregados contaminados, o mara da morte descontrolada e os maras Devaputra. Dentre os quatro tipos de mara, apenas os maras Devaputra são seres sencientes. Consultar *Novo Coração de Sabedoria*.

Marca Existem dois tipos de marca: marcas das ações e marcas das delusões. Cada ação que fazemos deixa uma marca na consciência mental, e essas marcas são potencialidades cármicas para experienciar determinados efeitos no futuro. As marcas deixadas pelas delusões permanecem mesmo depois das próprias delusões terem sido removidas, do mesmo modo que o cheiro de alho permanece num recipiente depois do alho ter sido removido. As marcas das delusões são obstruções à onisciência e são totalmente abandonadas apenas pelos Budas.

Meditação Meditação é uma mente que se concentra em um objeto virtuoso, e é também uma ação mental que é a causa principal de paz mental. Existem dois tipos de meditação: meditação analítica e meditação posicionada. Quando usamos nossa imaginação, contínua-lembrança e capacidade de raciocínio para encontrar nosso objeto de meditação, isso é *meditação analítica*. Quando encontramos nosso objeto e o retemos de modo estritamente focado, isso é *meditação posicionada*. Existem diferentes tipos de objeto. Alguns, como a impermanência ou a vacuidade, são objetos apreendidos pela mente. Outros, como amor, compaixão e renúncia, são estados mentais propriamente ditos. Empenhamo-nos em meditação analítica até que o objeto específico que buscamos apareça de modo claro para a nossa mente ou até que surja o estado mental específico que desejamos gerar. Esse objeto ou estado mental específico é o nosso objeto de meditação posicionada. Consultar *Novo Manual de Meditação*.

Mente primária Conhecedor que apreende, principalmente, a mera entidade de um objeto. Consciência e mente primária são sinônimos. Existem seis mentes primárias: consciência visual, consciência auditiva, consciência olfativa, consciência gustativa, consciência tátil e consciência mental. Cada momento da mente contém uma mente primária e vários fatores mentais. Uma mente primária e seus fatores mentais acompanhantes são a mesma entidade, mas atuam (ou funcionam) de maneiras diferentes. Consultar *Como Entender a Mente*.

Mera aparência Todos os fenômenos são meras aparências porque são imputados, ou designados, pela mente na dependência de uma base de imputação adequada que aparece à mente. A palavra *mera* exclui qualquer possibilidade de existência inerente. Consultar *Oceano de Néctar*.

Mérito Boa fortuna criada por ações virtuosas. O mérito é um poder potencial para aumentar nossas boas qualidades e produzir felicidade.

Migrante(s) Ser que está no samsara, migrando de um renascimento descontrolado para outro.

Migtsema A prece *Migtsema* é uma prece especial de louvor e pedidos a Je Tsongkhapa, composta por Manjushri na *Escritura Emanação Kadam*. A prece aparece em diversas formas, como as versões em nove versos e em cinco versos. Essa prece é muito abençoada, e aqueles que a recitam com fé são capazes de alcançar grandes resultados. Consultar *Joia-Coração*.

Milarepa (1040-1123) Um grande meditador budista tibetano e discípulo de Marpa. Ele é celebrado por suas belas canções de realização.

Mudra-ação Consorte do Tantra Ioga Supremo que auxilia no desenvolvimento de grande êxtase. Consultar *Clara-Luz de Êxtase* e *Solos e Caminhos Tântricos*.

Nada Linha de três curvas que aparece na parte superior de algumas letras-sementes.

Nagarjuna Grande erudito budista indiano e mestre de meditação que reviveu o Mahayana no primeiro século e que trouxe à luz os ensinamentos dos *Sutras Perfeição de Sabedoria*. Consultar *Novo Coração de Sabedoria* e *Oceano de Néctar*.

Naropa (1016-1100) Mahasiddha budista indiano e Guru-linhagem da prática do Tantra Ioga Supremo de Vajrayogini. Consultar *Novo Guia à Terra Dakini*.

Nova Tradição Kadampa-União Budista Kadampa Internacional (NKT-IKBU) União dos Centros Budistas Kadampas, uma associação internacional de centros de estudo e meditação, que seguem a pura tradição do Budismo Mahayana originada dos meditadores e eruditos budistas Atisha e Je Tsongkhapa. Essa pura tradição mahayana foi introduzida no Ocidente pelo mestre budista Venerável Geshe Kelsang Gyatso.

Objeto negado Objeto explicitamente negado por uma mente que compreende ou realiza um fenômeno negativo. Na meditação sobre a vacuidade – ou ausência de existência inerente – o termo "objeto negado" se refere à existência inerente. O termo "objeto negado" também é conhecido como "objeto de negação".

Obstruções à libertação Obstruções que impedem a conquista da libertação. Todas as delusões (como ignorância, apego e raiva), juntamente com suas sementes, são obstruções à libertação. As obstruções à libertação são também denominadas "delusões-obstruções".

GLOSSÁRIO

Obstruções à onisciência As marcas das delusões, que impedem a realização direta e simultânea de todos os fenômenos. Somente os Budas superaram essas obstruções.

Oferenda de torma Oferenda especial de comida feita de acordo com rituais sútricos ou tântricos. Consultar *Essência do Vajrayana*.

Oferenda tsog Oferenda feita por uma Assembleia de Heróis e Heroínas. Consultar *Essência do Vajrayana* e *Novo Guia à Terra Dakini*.

Oitenta concepções indicativas Embora tenhamos incontáveis mentes conceituais densas, todas elas estão incluídas nas oitenta concepções densas. Elas são denominadas "concepções indicativas" porque são razões conclusivas que indicam a existência das mentes sutis das quais surgem. Consultar *Clara-Luz de Êxtase*.

Percebedor direto Conhecedor que apreende seu objeto manifesto. Consultar *Como Entender a Mente*.

Percepção errônea Conhecedor que está equivocado com relação a seu objeto conectado. Consultar *Como Entender a Mente*.

Percepção mental Todas as mentes estão incluídas nas cinco percepções sensoriais e na percepção mental. Existem dois tipos de percepção mental: percepção mental conceitual e percepção mental não conceitual. *Percepção mental conceitual* e *mente conceitual* são sinônimos. Consultar *Como Entender a Mente*.

Percepção sensorial Todas as mentes estão incluídas nas percepções sensoriais e na percepção mental. Existem cinco tipos de percepção sensorial: percepção visual, percepção auditiva, percepção olfativa, percepção gustativa e percepção tátil. Consultar *Como Entender a Mente*.

Pessoa Um *eu* imputado, ou designado, na dependência de qualquer um dos cinco agregados. *Pessoa, ser, self* e *eu* são sinônimos. Consultar *Como Entender a Mente*.

Pratimoksha Palavra sânscrita que significa "libertação individual, ou pessoal". Consultar *O Voto Bodhisattva*.

Protetor(es) do Dharma Manifestação de Budas ou Bodhisattvas. A principal função de um Protetor do Dharma é eliminar obstáculos e reunir todas as condições necessárias para os puros praticantes de Dharma. É também denominado "Dharmapala" em sânscrito. Consultar *Joia-Coração*.

Purificação Em geral, qualquer prática que nos conduza a obter um corpo puro, uma fala pura ou uma mente pura. Mais especificamente, a prática para purificar carma negativo por meio dos quatro poderes oponentes. Consultar *Caminho Alegre da Boa Fortuna, O Voto Bodhisattva, Compaixão Universal* e *Novo Guia à Terra Dakini*.

Quatro completas purezas Uma prática tântrica é uma prática que possua as quatro completas purezas: (1) completa pureza de lugar – o ambiente é percebido ou visto como o mandala da Deidade; (2) completa pureza de corpo – a aparência comum do corpo é impedida e o praticante imagina que ele (ou ela) tem o corpo de uma Deidade; (3) completa pureza de prazeres – os prazeres sensoriais são transformados em oferendas à Deidade; e (4) completa pureza de feitos – o praticante considera todas as suas ações como as ações da Deidade. Consultar *Grande Tesouro de Mérito* e *Solos e Caminhos Tântricos*.

Raiva Fator mental deludido que observa seu objeto contaminado, exagera suas más qualidades, considera-o indesejável ou desagradável e deseja prejudicá-lo. Consultar *Como Entender a Mente* e *Como Solucionar Nossos Problemas Humanos*.

Realização Experiência estável e não equivocada de um objeto virtuoso, que nos protege diretamente do sofrimento.

Reino do desejo Os ambientes dos seres-do-inferno, espíritos famintos, animais, seres humanos, semideuses e dos deuses que desfrutam os cinco objetos de desejo.

Reino do inferno O reino mais inferior dos seis reinos do samsara. Consultar *Caminho Alegre da Boa Fortuna*.

Sabedoria Mente inteligente virtuosa que faz sua mente primária compreender ou realizar totalmente seu objeto. A sabedoria é um caminho espiritual que atua, ou funciona, para libertar nossa mente das delusões ou das marcas das delusões. Um exemplo de sabedoria é a visão correta da vacuidade. Consultar *Novo Coração de Sabedoria* e *Como Entender a Mente*.

Sangha De acordo com a tradição do Vinaya, Sangha é qualquer comunidade de, no mínimo, quatro monges ou monjas plenamente ordenados. Em geral, pessoas ordenadas ou leigos que tomaram os votos bodhisattva ou os votos tântricos também podem ser chamados de Sangha. Consultar *Caminho Alegre da Boa Fortuna*.

Seis reinos Existem seis reinos no samsara. Colocados em ordem ascendente, de acordo com o tipo de carma que causa o renascimento em cada um deles, temos os reinos: dos seres-do-inferno, espíritos famintos, animais, seres humanos, semideuses e deuses. Os primeiros três reinos são reinos inferiores, ou migrações infelizes, e os três reinos restantes são reinos elevados, ou migrações felizes. Consultar *Caminho Alegre da Boa Fortuna*.

Senhor da Morte Embora o mara, ou demônio, da morte descontrolada não seja um ser senciente, ele é personificado como o Senhor da Morte, ou "Yama". No diagrama da Roda da Vida, o Senhor da Morte é representado agarrando a roda entre suas garras e dentes. Consultar *Caminho Alegre da Boa Fortuna*.

Sensação Fator mental que atua para experienciar objetos agradáveis, desagradáveis ou neutros. Consultar *Como Entender a Mente*.

Ser sagrado Ser que é digno de, ou adequado à, devoção.

Ser superior *"Arya"* em sânscrito. Ser que possui uma realização direta da vacuidade. Existem Hinayanas superiores e Mahayanas superiores.

Ser vivo Qualquer ser que tenha a mente contaminada pelas delusões ou pelas marcas das delusões. Os termos "ser vivo" e "ser senciente" são termos utilizados para fazer a distinção entre os seres cujas mentes estão contaminadas pelas duas obstruções (ou por uma delas) e os Budas, cujas mentes são completamente livres das duas obstruções.

Shantideva (687–763) Grande erudito budista indiano e mestre de meditação. Escreveu *Guia do Estilo de Vida do Bodhisattva*. Consultar *Contemplações Significativas* e *Guia do Estilo de Vida do Bodhisattva*.

Sutra Ensinamentos de Buda abertos para a prática de todos, sem necessidade de uma iniciação. Os ensinamentos de Sutra incluem os ensinamentos de Buda das Três Giradas da Roda do Dharma.

Sutra Coração Um dos diversos *Sutras Perfeição de Sabedoria* ensinados por Buda. Embora seja muito menor do que os demais *Sutras Perfeição de Sabedoria*, o *Sutra Coração* contém explícita ou implicitamente todo o seu significado. É também conhecido como *Sutra Essência da Sabedoria*. Para a leitura de sua tradução e comentário completo, consultar *Novo Coração de Sabedoria*.

Sutras Perfeição de Sabedoria Sutras da segunda girada da Roda do Dharma, na qual Buda revelou sua visão final sobre a natureza última de todos os fenômenos – a vacuidade de existência inerente. Consultar *Novo Coração de Sabedoria* e *Oceano de Néctar*.

Tempos sem início De acordo com a visão budista sobre o mundo, não há um início para a mente e, portanto, não há um início para o tempo. Por essa razão, todos os seres vivos tiveram incontáveis renascimentos.

Terra Dakini A Terra Pura de Heruka e Vajrayogini. É chamada de "Keajra" em sânscrito e "Dagpa Khacho" em tibetano. Consultar *Novo Guia à Terra Dakini*.

Terra Pura Ambiente puro onde não há verdadeiros sofrimentos. Existem muitas Terras Puras. Por exemplo: Tushita é a Terra Pura de Buda Maitreya; Sukhavati é a Terra Pura de Buda Amitabha; e a Terra Dakini, ou Keajra, é a Terra Pura de Buda Vajrayogini e Buda Heruka. Consultar *Viver Significativamente, Morrer com Alegria*.

Três treinos superiores São os treinos em disciplina moral, concentração e sabedoria, motivados por renúncia ou por bodhichitta.

Vajradhara O fundador do Vajrayana, ou Tantra. Vajradhara aparece diretamente apenas para Bodhisattvas altamente realizados, para os quais dá ensinamentos tântricos. Para beneficiar seres vivos com menos mérito, Vajradhara manifestou-se na forma mais visível de Buda Shakyamuni. Vajradhara também disse que, em tempos degenerados, apareceria sob uma forma comum, como a de um Guia Espiritual. Consultar *Grande Tesouro de Mérito*.

Vajrapani A corporificação do poder de todos os Budas. Ao aparecer com um aspecto irado, sua intenção é mostrar seu poder de superar obstáculos exteriores, interiores e secretos. No tempo de Buda Shakyamuni, Vajrapani manifestou-se como um discípulo Bodhisattva.

Vajrasattva Buda Vajrasattva é o agregado consciência de todos os Budas aparecendo sob o aspecto de uma Deidade de cor branca, com o objetivo específico de purificar a negatividade dos seres sencientes. Ele é a mesma natureza que Buda Vajradhara, diferindo apenas no aspecto. A prática da meditação e recitação de Vajrasattva é um método muito poderoso para purificar nossa mente e ações impuras. Consultar *Novo Guia à Terra Dakini*.

Vigilância Fator mental que é um tipo de sabedoria que examina nossas atividades de corpo, fala e mente e que identifica se falhas estão se desenvolvendo ou não. Consultar *Como Entender a Mente*.

Visão superior Sabedoria especial que vê ou percebe seu objeto claramente e que é mantida pelo tranquilo-permanecer e pela maleabilidade especial induzida por investigação. Consultar *Caminho Alegre da Boa Fortuna*.

Voto Determinação virtuosa de abandonar falhas específicas, que é gerada juntamente com um ritual tradicional. Os três conjuntos de votos são: os votos Pratimoksha de libertação individual, os votos do Bodhisattva e os votos do Mantra Secreto. Consultar *O Voto Bodhisattva* e *Solos e Caminhos Tântricos*.

Bibliografia

GESHE KELSANG GYATSO é um mestre de meditação e erudito altamente respeitado da tradição do budismo mahayana fundada por Je Tsongkhapa. Desde sua chegada ao Ocidente, em 1977, Geshe Kelsang tem trabalhado incansavelmente para estabelecer o puro Budadharma no mundo inteiro. Durante esse tempo, deu extensos ensinamentos sobre as principais escrituras mahayana. Esses ensinamentos proporcionam uma exposição completa das práticas essenciais de Sutra e de Tantra do budismo mahayana.

Consulte o *website* da Tharpa Brasil para conferir os títulos disponíveis em língua portuguesa.

Livros

Budismo Moderno. O caminho da compaixão e sabedoria.
   (2ª edição, 2012)
Caminho Alegre da Boa Fortuna. O completo caminho budista
   à iluminação. (4ª edição, 2010)
Clara-Luz de Êxtase. Um manual de meditação tântrica.
Como Solucionar Nossos Problemas Humanos. As Quatro Nobres
   Verdades. (4ª edição, 2012)
Compaixão Universal. Soluções inspiradoras para tempos difíceis.
   (3ª edição, 2007)
Contemplações Significativas. Como se tornar um amigo do mundo.
   (2009)

Como Entender a Mente. A natureza e o poder da mente. (edição revista pelo autor, 2014. Edição anterior, com o título *Entender a Mente*, 2002)
Essência do Vajrayana. A prática do Tantra Ioga Supremo do mandala de corpo de Heruka.
Grande Tesouro de Mérito. Como confiar num Guia Espiritual. (2013)
Guia do Estilo de Vida do Bodhisattva. Como desfrutar uma vida de grande significado e altruísmo. Uma tradução da famosa obra-prima em versos de Shantideva. (2ª edição, 2009)
Guia à Terra Dakini. A prática do Tantra Ioga Supremo de Buda Vajrayogini. (2001)
Introdução ao Budismo. Uma explicação do estilo de vida budista. (6ª edição, 2012)
Joia-Coração. As práticas essenciais do Budismo Kadampa. (2004)
Mahamudra-Tantra. O supremo néctar da Joia-Coração. (2ª edição, 2014)
Novo Coração de Sabedoria. Uma explicação do Sutra Coração. (edição revista pelo autor, 2013. Edição anterior, com o título *Coração de Sabedoria*, 2005)
Novo Manual de Meditação. Meditações para tornar nossa vida feliz e significativa. (2ª edição, 2009)
Oceano de Néctar. A verdadeira natureza de todas as coisas.
Oito Passos para a Felicidade. O caminho budista da bondade amorosa. (edição revista pelo autor, 2013. Edição anterior, com mesmo título, 2007)
Solos e Caminhos Tântricos. Como ingressar, progredir e concluir o Caminho Vajrayana.
Transforme sua Vida. Uma jornada de êxtase. (2ª edição, 2013)
Viver Significativamente, Morrer com Alegria. A prática profunda da transferência de consciência. (2007)
O Voto Bodhisattva. Um guia prático para ajudar os outros. (2ª edição, 2005)

BIBLIOGRAFIA

Sadhanas

Geshe Kelsang também supervisionou a tradução de uma coleção essencial de sadhanas, ou livretos de orações. Consulte o *website* da Tharpa Brasil para conferir os títulos disponíveis em língua portuguesa.

Caminho de Compaixão para quem Morreu. Sadhana de Powa para o benefício dos que morreram.
Caminho de Êxtase. A sadhana condensada de autogeração de Vajrayogini
Caminho Rápido ao Grande Êxtase. A sadhana extensa de autogeração de Vajrayogini.
Caminho à Terra Pura. Sadhana para o treino em Powa – a transferência de consciência.
Cerimônia de Powa. Transferência de consciência de quem morreu.
Cerimônia de Refúgio Mahayana e Cerimônia do Voto Bodhisattva.
A Confissão Bodhisattva das Quedas Morais. A prática de purificação do Sutra Mahayana dos Três Montes Superiores.
Dakini Ioga. A sadhana mediana de autogeração de Vajrayogini.
Essência da Boa Fortuna. Preces das seis práticas preparatórias para a meditação sobre as Etapas do Caminho à iluminação.
Essência do Vajrayana. Sadhana de autogeração do mandala de corpo de Heruka, de acordo com o sistema de Mahasiddha Ghantapa.
Essência do Vajrayana Condensado. Sadhana de autogeração do mandala de corpo de Heruka.
O Estilo de Vida Kadampa. As práticas essenciais do Lamrim Kadam.
Festa de Grande Êxtase. Sadhana de autoiniciação de Vajrayogini.
Gota de Néctar Essencial. Uma prática especial de jejum e de purificação em associação com Avalokiteshvara de Onze Faces.
Grande Libertação do Pai. Preces preliminares para a meditação no Mahamudra em associação com a prática de Heruka.

Grande Libertação da Mãe. Preces preliminares para a meditação no Mahamudra em associação com a prática de Vajrayogini.
A Grande Mãe. Um método para superar impedimentos e obstáculos pela recitação do *Sutra Essência da Sabedoria* (o *Sutra Coração*).
O Ioga de Avalokiteshvara de Mil Braços. Sadhana de autogeração.
O Ioga de Buda Amitayus. Um método especial para aumentar tempo de vida, sabedoria e mérito.
O Ioga de Buda Heruka. A sadhana essencial de autogeração do mandala de corpo de Heruka & Ioga Condensado em Seis Sessões.
O Ioga de Buda Maitreya. Sadhana de autogeração.
O Ioga de Buda Vajrapani. Sadhana de autogeração.
O Ioga da Grande Mãe Prajnaparamita. Sadhana de autogeração.
O Ioga do Herói Vajra. Uma breve prática de autogeração do mandala de corpo de Heruka.
O Ioga Incomum da Inconceptibilidade. A instrução especial sobre como alcançar a Terra Pura de Keajra com este corpo humano.
O Ioga da Mãe Iluminada Arya Tara. Sadhana de autogeração.
O Ioga de Tara Branca, Buda de Longa Vida.
Joia-Coração. O Guru-Ioga de Je Tsongkhapa associado à sadhana condensada de seu Protetor do Dharma.
Joia-Que-Satisfaz-os-Desejos. O Guru-Ioga de Je Tsongkhapa associado à sadhana de seu Protetor do Dharma.
Libertação da Dor. Preces e pedidos às 21 Taras.
Manual para a Prática Diária dos Votos Bodhisattva e Tântricos.
Meditação e Recitação de Vajrasattva Solitário.
Melodioso Tambor Vitorioso em Todas as Direções. O ritual extenso de cumprimento e de renovação de compromissos com o Protetor do Dharma, o grande rei Dorje Shugden, juntamente com Mahakala, Kalarupa, Kalindewi e outros Protetores do Dharma.
Oferenda ao Guia Espiritual (Lama Chöpa). Uma maneira especial de confiar no Guia Espiritual.
Paraíso de Keajra. O comentário essencial à prática do Ioga *Incomum da Inconceptibilidade.*

Prece do Buda da Medicina. Um método para beneficiar os outros.
Preces para Meditação. Preces preparatórias breves para meditação.
Preces pela Paz Mundial.
Preces Sinceras. Preces para o rito funeral em cremações ou enterros.
Sadhana de Avalokiteshvara. Preces e pedidos ao Buda da Compaixão.
Sadhana do Buda da Medicina. Um método para obter as aquisições do Buda da Medicina.
O Tantra-Raiz de Heruka e Vajrayogini. Capítulos Um e Cinquenta e Um do Tantra-Raiz Condensado de Heruka.
O Texto-Raiz: As Oito Estrofes do Treino da Mente.
Tesouro de Sabedoria. A sadhana do Venerável Manjushri.
União do Não-Mais-Aprender. Sadhana de autoiniciação do mandala de corpo de Heruka.
Vida Pura. A prática de tomar e manter os Oito Preceitos Mahayana.
Os Votos e Compromissos do Budismo Kadampa.

Os livros e sadhanas de Geshe Kelsang Gyatso podem ser adquiridos nos Centros Budistas Kadampa e Centros de Meditação Kadampa e suas filiais. Você também pode adquiri-los diretamente pelo *site* da Editora Tharpa Brasil.

Editora Tharpa Brasil
Rua Artur de Azevedo 1360
Pinheiros
05404-003 - São Paulo, SP
Fone: 11 3476-2330
Web: www.tharpa.com.br
E-mail: contato@tharpa.com.br

Programas de Estudo do Budismo Kadampa

O Budismo Kadampa é uma escola do budismo mahayana fundada pelo grande mestre budista indiano Atisha (982-1054). Seus seguidores são conhecidos como "Kadampas": "Ka" significa "palavra" e refere-se aos ensinamentos de Buda, e "dam" refere-se às instruções especiais de Lamrim ensinadas por Atisha, conhecidas como "as Etapas do Caminho à iluminação". Integrando o conhecimento dos ensinamentos de Buda com a prática de Lamrim, e incorporando isso em suas vidas diárias, os budistas kadampas são incentivados a usar os ensinamentos de Buda como métodos práticos para transformar atividades diárias em caminho à iluminação. Os grandes professores kadampas são famosos não apenas por serem grandes eruditos, mas também por serem praticantes espirituais de imensa pureza e sinceridade.

A linhagem desses ensinamentos, tanto sua transmissão oral como suas bênçãos, foi passada de mestre a discípulo e se espalhou por grande parte da Ásia e, agora, por diversos países do mundo ocidental. Os ensinamentos de Buda, conhecidos como "Dharma", são comparados a uma roda que gira, passando de um país a outro segundo as condições e tendências cármicas de seus habitantes. As formas externas de se apresentar o budismo podem mudar de acordo com as diferentes culturas e sociedades, mas sua autenticidade essencial é assegurada pela continuidade de uma linhagem ininterrupta de praticantes realizados.

O Budismo Kadampa foi introduzido no Ocidente em 1977 pelo renomado mestre budista Venerável Geshe Kelsang Gyatso. Desde então, ele vem trabalhando incansavelmente para expandir o Budismo Kadampa por todo o mundo, dando extensos ensinamentos, escrevendo textos profundos sobre o Budismo Kadampa e fundando a Nova Tradição Kadampa-União Budista Kadampa Internacional (NKT–IKBU), que hoje congrega mais de mil Centros Budistas e grupos kadampa em todo o mundo. Esses centros oferecem programas de estudo sobre a psicologia e a filosofia budistas, instruções para meditar e retiros para todos os níveis de praticantes. A programação enfatiza a importância de incorporarmos os ensinamentos de Buda na vida diária, de modo que possamos solucionar nossos problemas humanos e propagar paz e felicidade duradouras neste mundo.

O Budismo Kadampa da NKT–IKBU é uma tradição budista totalmente independente e sem filiações políticas. É uma associação de centros budistas e de praticantes que se inspiram no exemplo e nos ensinamentos dos mestres kadampas do passado, conforme a apresentação feita por Geshe Kelsang.

Existem três razões pelas quais precisamos estudar e praticar os ensinamentos de Buda: para desenvolver nossa sabedoria, cultivar um bom coração e manter a paz mental. Se não nos empenharmos em desenvolver nossa sabedoria, sempre permaneceremos ignorantes da verdade última – a verdadeira natureza da realidade. Embora almejemos felicidade, nossa ignorância nos faz cometer ações não virtuosas, a principal causa do nosso sofrimento. Se não cultivarmos um bom coração, nossa motivação egoísta destruirá a harmonia e tudo o que há de bom nos nossos relacionamentos com os outros. Não teremos paz nem chance de obter felicidade pura. Sem paz interior, a paz exterior é impossível. Se não mantivermos um estado mental apaziguado, não conseguiremos ser felizes, mesmo que estejamos desfrutando de condições ideais. Por outro lado, quando nossa mente está em paz, somos felizes ainda que as condições exteriores sejam ruins. Portanto, o desenvolvimento dessas qualidades é da maior importância para nossa felicidade diária.

Geshe Kelsang Gyatso, ou "Geshe-la", como é carinhosamente chamado por seus discípulos, organizou três programas espirituais especiais para o estudo sistemático e a prática do Budismo Kadampa. Esses programas são especialmente adequados para a vida moderna – o Programa Geral (PG), o Programa Fundamental (PF) e o Programa de Formação de Professores (PFP).

PROGRAMA GERAL

O Programa Geral (PG) oferece uma introdução básica aos ensinamentos, à meditação e à prática budistas, e é ideal para iniciantes. Também inclui alguns ensinamentos e práticas mais avançadas de Sutra e de Tantra.

PROGRAMA FUNDAMENTAL

O Programa Fundamental (PF) oferece uma oportunidade de aprofundar nossa compreensão e experiência do budismo por meio do estudo sistemático de seis textos:

1. *Caminho Alegre da Boa Fortuna* – um comentário às instruções de Lamrim, as Etapas do Caminho à iluminação, de Atisha.
2. *Compaixão Universal* – um comentário ao *Treino da Mente em Sete Pontos*, do Bodhisattva Chekhawa.
3. *Oito Passos para a Felicidade* – um comentário às *Oito Estrofes do Treino da Mente*, do Bodhisattva Langri Tangpa.
4. *Novo Coração de Sabedoria* – um comentário ao *Sutra Coração*.
5. *Contemplações Significativas* – um comentário ao *Guia do Estilo de Vida do Bodhisattva*, escrito pelo Venerável Shantideva.

6. *Como Entender a Mente* – uma explicação detalhada da mente, com base nos trabalhos dos eruditos budistas Dharmakirti e Dignaga.

Os benefícios de estudar e praticar esses textos são:

(1) *Caminho Alegre da Boa Fortuna* – obtemos a habilidade de colocar em prática todos os ensinamentos de Buda: de Sutra e de Tantra. Podemos facilmente fazer progressos e concluir as etapas do caminho à felicidade suprema da iluminação. Do ponto de vista prático, o Lamrim é o corpo principal dos ensinamentos de Buda, e todos os demais ensinamentos são como seus membros.

(2) e (3) *Compaixão Universal* e *Oito Passos para a Felicidade* – obtemos a habilidade de incorporar os ensinamentos de Buda em nossa vida diária e de solucionar todos os nossos problemas humanos.

(4) *Novo Coração de Sabedoria* – obtemos a realização da natureza última da realidade. Por meio dessa realização, podemos eliminar a ignorância do agarramento ao em-si, que é a raiz de todos os nossos sofrimentos.

(5) *Contemplações Significativas* – transformamos nossas atividades diárias no estilo de vida de um Bodhisattva, tornando significativo cada momento de nossa vida humana.

(6) *Como Entender a Mente* – compreendemos a relação entre nossa mente e seus objetos exteriores. Se entendermos que os objetos dependem da mente subjetiva, poderemos mudar a maneira como esses objetos nos aparecem, por meio de mudar nossa própria mente. Aos poucos, vamos adquirir a habilidade de controlar nossa mente e de solucionar todos os nossos problemas.

PROGRAMA DE FORMAÇÃO DE PROFESSORES

O Programa de Formação de Professores (PFP) foi concebido para as pessoas que desejam treinar para se tornarem autênticos professores de Dharma. Além de concluir o estudo de quatorze textos de Sutra e de Tantra (e que incluem os seis textos acima citados), o estudante deve observar alguns compromissos que dizem respeito ao seu comportamento e estilo de vida e concluir um determinado número de retiros de meditação.

Um Programa Especial de Formação de Professores é também mantido por Centros de Meditação Kadampa em determinados espaços comerciais urbanos. Esse programa especial de estudo e meditação é focado nos seguintes cinco livros: *Budismo Moderno, Novo Coração de Sabedoria, Novo Guia à Terra Dakini, Caminho Alegre da Boa Fortuna* e *Contemplações Significativas*, que é o comentário ao livro *Guia do Estilo de Vida do Bodhisattva*, de Shantideva.

Todos os Centros Budistas Kadampa são abertos ao público. Anualmente, celebramos festivais nos EUA e Europa, incluindo dois festivais na Inglaterra, nos quais pessoas do mundo inteiro reúnem-se para receber ensinamentos e iniciações especiais e desfrutar de férias espirituais. Por favor, sinta-se à vontade para nos visitar a qualquer momento!

Para mais informações sobre o Budismo Kadampa
e para conhecer o Centro Budista mais próximo de você,
por favor, entre em contato com:

Centro de Meditação
Kadampa Brasil
www.budismokadampa.org.br

Centro de Meditação
Kadampa Mahabodhi
www.meditadoresurbanos.org.br

Escritórios da Editora Tharpa no Mundo

Atualmente, os livros da Editora Tharpa são publicados em inglês (americano e britânico), chinês, francês, alemão, italiano, japonês, português e espanhol. Os livros na maioria desses idiomas estão disponíveis em qualquer um dos escritórios da Editora Tharpa listados abaixo.

Inglaterra
Tharpa Publications UK
Conishead Priory
ULVERSTON
Cumbria, LA12 9QQ, UK
Tel: +44 (0)1229-588599
Fax: +44 (0)1229-483919
Web: www.tharpa.com/uk/
E-mail: info.uk@tharpa.com

Estados Unidos
Tharpa Publications USA
47 Sweeney Road
GLEN SPEY NY 12737
USA
Tel: +1 845-856-5102
Toll-free: 888-741-3475
Fax: +1 845-856-2110
Web: www.tharpa.com/us/
E-mail: info.us@tharpa.com

África do Sul
c/o Mahasiddha Kadampa Buddhist Centre
2 Hollings Road, Malvern
DURBAN
4093 REP. OF SOUTH AFRICA
Tel : +27 31 464 0984
Web: www.tharpa.com/za/
E-mail: info.za@tharpa.com

Alemanha
Tharpa Verlag (Zweigstelle Berlin)
Sommerswalde 8
16727 Oberkrämer OT Schwante
GERMANY
Tel: +49 (0)33055 222135
Fax : +49 (0) 33055 222139
Web: www.tharpa.com/de/
E-mail: info.de@tharpa.com

Austrália
Tharpa Publications Australia
25 McCarthy Road
PO Box 63
MONBULK
VIC 3793
AUSTRALIA
Tel: +61 (3) 9752-0377
Web: www.tharpa.com/au/
E-mail: info.au@tharpa.com

Brasil
Editoria Tharpa Brasil
Rua Artur de Azevedo 1360
Pinheiros
05404-003 - São Paulo, SP
BRASIL
Tel: +55 (11) 3476-2330
Web: www.tharpa.com.br
E-mail: contato@tharpa.com.br

Canadá
Tharpa Publications Canada
631 Crawford Street
TORONTO ON
M6G 3K1, CANADA
Tel: +1 (416) 762-8710
Toll-free: 866-523-2672
Fax: +1 (416) 762-2267
Web: www.tharpa.com/ca/
E-mail: info.ca@tharpa.com

Espanha
Editorial Tharpa España
Camino Fuente del Perro s/n
29120 ALHAURÍN EL GRANDE
(Málaga)
ESPAÑA
Tel.: +34 952 596808
Fax: +34 952 490175
Web: www.tharpa.com/es/
E-mail: info.es@tharpa.com

França
Editions Tharpa
Château de Segrais
72220 SAINT-MARS-D'OU-TILLÉ
FRANCE
Tél : +33 (0)2 43 87 71 02
Fax : +33 (0)2 76 01 34 10
Web: www.tharpa.com/fr/
E-mail: info.fr@tharpa.com

Hong Kong
Tharpa Asia
2nd Floor, 21 Tai Wong St. East,
Wanchai,
HONG KONG
Tel: +852 25205137
Fax: +852 25072208
Web: www.tharpa.com/hk-cht/
E-mail: info.hk@tharpa.com

Japão
Tharpa Japan
Dai 5 Nakamura Kosan Biru #501,
Shinmachi 1-29-16, Nishi-ku,
OSAKA, 550-0013
JAPAN
Tel/Fax : +81 6-6532-7632
Web: www.tharpa.com/jp/
E-mail: info.jp@tharpa.com

México
Enrique Rébsamen No 406,
Col. Narvate, entre Xola y
Diagonal de San Antonio,
C.P. 03020,
MÉXICO D.F., MÉXICO
Tel: +01 (55) 56 39 61 86
Tel/Fax: +01 (55) 56 39 61 80
Web: www.tharpa.com/mx/
Email: tharpa@kadampa.org/mx

Suiça
Tharpa Verlag
Mirabellenstrasse 1
CH-8048 ZURICH
Schweiz
Tel: +41 44 401 02 20
Fax: +41 44 461 36 88
Web: www.tharpa.com/ch/
E-mail: info.ch@tharpa.com

Índice Remissivo
a letra "g" indica entrada para o glossário

A

Absorção da cessação g, 53
Ações não virtuosas 270
Ações. *Ver também* carma 3–4
   abandonar ações inadequadas 204
   conexão com sofrimento 5
   contaminadas 5, 9, 107, 142
   e efeitos 9
Acordar (estado de vigília)
   prática do Mahamudra durante o estado de vigília 100–101
Agarramento ao em-si. *Ver também* ignorância 5–6, 12–13, 20, 24, 108–110, 134, 156
   como o agarramento ao em-si se desenvolve 54
   consequências 108–109
   do corpo 121, 125–126
   diferentes aspectos do agarramento ao em-si 142
   dois tipos 109
   identificar o agarramento ao em-si 108
   marcas do agarramento ao em-si 135
   do próprio eu 24, 129
   do próprio self 129
   reduzir/abandonar o agarramento ao em-si 53, 54, 107, 109–111, 149, 150, 155
   sono da ignorância, sinônimos 12
   vento montado pelo agarramento ao em-si 32, 54
Agregados g
   contaminados g, 24, 25–27
AH-curto, letra 64
Akanishta g, 61
Akshobya, Buda 182
   quatro compromissos da Família de Buda Akshobya 209

Amitabha, Buda 182
  três compromissos da Família de Buda Amitabha 210
Amoghasiddhi, Buda 184
  dois compromissos da Família de Buda Amoghasiddhi 210
Amor. Ver apreciar os outros, amor
Analogias
  águia 147
  árvore venenosa do agarramento-ao-em-si 108
  asas de um pássaro 12, 19, 159
  ator 155
  céu e azul do céu 150
  céu e nuvens 152
  computador 94
  dez garrafas 151
  duas luas 160
  esboçar uma pintura e concluí-la 29, 36
  espaço não produzido 153
  ilusão criada por um mágico 21, 110, 117, 126, 154
  moeda de ouro 140
  montanha nevada, fé e bênçãos 73
  nuvens 136
  oceano do samsara 6
  presidente 94
  viagem de trem 92
Animal. Ver renascimento animal

Aparência. *Ver também* oníricas, aparências; dos ventos entrarem, permacerem e dissolverem-se, sinas 177
  aparências à mente 115-116, 127, 144
  aparências enganosas 115, 117, 154
  cármica 137
  em um sonho 137
  equivocada 12, 108, 146, 151, 206
  apenas os Budas estão livres 146, 149
  ver duas luas relembra--nos sobre 160
  equivocada sutil 149
  mera 116, 119, 123, 126-127, 155
  do mundo da vigília 137
  são ilusões 154
Aparência cármica 137
Aparência chama de vela 42
Aparência comum 19, 20-21
  abandonar aparências comuns 50
  de corpo, fala e mente 50
Aparência dual g, 57, 177
  definição 149
Aparência miragem 41
Aparência vaga-lumes cintilantes 42
Apego g, 117
  causa de infelicidade 111
  causa do apego 108, 151

ÍNDICE REMISSIVO

reduzir/abandonar o apego 13, 17, 19, 155
  superar o apego meditando na vacuidade 110, 128, 139, 141, 152, 155
  transformar o apego 17, 19, 54
Apreciar os outros, amor 7, 11-12, 201, 204
Aquisição, aquisições g, 28, 59, 87, 201
Arco-íris 116, 139, 140, 155-156
Arrependimento g, 79
Atisha g, 82, 160, 269
Autoapreço g, 5, 6, 9, 33, 117, 202
  reduzir/abandonar o autoapreço 11
  vento montado pelo autoapreço 32
Autogeração
  como Heruka. *Ver também* estágio de geração 24-28, 59
Avalokiteshvara, Bodhisattva 150
Avalokiteshvara, Buda g

B

Base de imputação g, 24-27, 94, 144
  para a mente 128
  para Heruka 14, 24-27
  para o eu 24-27, 35, 59, 140
Bênçãos g, 13-14, 70, 88-89, 160, 269
  do Buda da Sabedoria 69, 71

Bodhichitta g, 160, 201
  benefícios 61
  branca e vermelha 31
  definição 15
  gerar a bodhichitta 69, 70-71
  dos seres iluminados 48
  última 62
  Bodhichitta convencional 159
  Bodhichitta última 146, 159
  do Tantra Ioga Supremo. *Ver também* união de grande êxtase e vacuidade 62
  treino simples em 157-159
Bodhisattva g, 136
  Bodhisattva superior 146, 159, 206
  votos bodhisattva 201
Buda 12-15, 70
  apenas Buda abandonou as duas obstruções 108
  citações
    criações de um mágico 154
    procurar pelo corpo com sabedoria 120
    todos os fenômenos são como sonhos 116
  definição 12
  ensinamentos 269, 270
  existe por convenção/vacuidade 127
  Mil Budas 72
  qualidades 12-15, 146
  quatro corpos de um Buda 20
  sinônimos 12

Buda da Sabedoria 49, 69, 71
Buda Shakyamuni g, 72, 189, 197
Budadharma. Ver Dharma;
 ensinamentos de Buda
Budismo 12, 77, 137
 Kadampa 269-270
Budismo Kadampa
 essência da Nova Tradição
 Kadampa 215
Busca convencional 119
Busca última 119-120

C

Caminho
 comum/incomum 15
 correto 4-5
 definição e diferença entre caminho exterior e interior 3
 errôneo, incorreto 3-5
 espiritual 3-5
 interior 3-4
 supramundano/mundano 4-5
 transformar apego em caminho espiritual 17, 19
Caminho, três etapas do 160
Caminho da Acumulação 4, 205
Caminho Alegre da Boa Fortuna
 70, 100, 161
Caminho à iluminação 4, 11,
 204, 205
 supremo 69
Caminho à libertação 4
Caminho da Meditação 4, 206
Caminho do Não-Mais-Aprender
 4, 51, 206

Caminho da Preparação 4, 205
Caminho rápido à iluminação
 19, 53, 65-66, 91
Caminho da Visão 4, 205
Caminho da Visão do Tantra
 Ioga Supremo 57
Caminhos espirituais. Ver
 caminho, espiritual
Campo de Mérito g, 71-72

Canal central. *Ver também*
 penetrar o canal central
 29-30, 31, 58, 63, 173, 177
 dez portas 63
 hastes 174
 meditação sobre o canal
 central 36, 62, 100
 propósito de meditar sobre
 o canal central 36, 100
 quatro atributos 173
Canal da vida 29, 36, 173
Canais. *Ver também* canal central
 canal da vida 29, 173
 direito e esquerdo 30,
 173-174, 186
 outros nomes 174
 explicação sobre os canais
 173-177
Canção da Rainha da Primavera
 54
Câncer 111
Carma. *Ver também* ações g, 84,
 137
 coletivo 137
 puro 177

Carro, vacuidade do carro
  119-120, 144
  busca convencional e
  busca última pelo carro
  119-120
  mera aparência à mente 139
  mera imputação, designação
  94
  partes e base de imputação 25
Chandrakirti g, 4, 95
Cinco Famílias Búdicas
  compromissos 202, 207,
  209-210
Clara aparência 20, 24, 27-28
*Clara Iluminação de Todos os
  Significados Ocultos* 188
Clara-luz. *Ver também* clara-
  -luz-exemplo última;
  mente de clara-luz 31,
  44-48, 73
  de Buda 48
  fundamento de todas as
    mentes 48
  e mente muito sutil 103
  níveis 50-51
  plenamente qualificada 49,
    50, 51
  do sono 103-104
  vento montado pela clara-
    -luz 186
Clara-luz-exemplo última 33,
  47, 50
Clara-luz de êxtase 37, 39, 57, 104
Clara-Luz de Êxtase 43, 63
Clara-luz significativa 33, 50-51, 57

Clareza
  significado 92-93
Coisa funcional g, 139
Coisas que normalmente vemos
  154
Comentário à Cognição Válida
  93
Como Entender a Mente 98
Compaixão. *Ver também*
  compaixão universal
  como a principal oferenda
    77
Compaixão universal 15
  e Tantra Mahamudra 12, 19
Compromisso, compromissos
  g, 189, 190
  das Cinco Famílias Búdicas
    202, 207, 209-210
Concentração. *Ver também* nove
  permanências mentais;
  permanências mentais g
  do contínuo-posicionamento
    158
  do estreito-posicionamento
    159
  do posicionamento da mente
    158
  do reposicionamento 159
Concentração semelhante-a-
  -um-vajra do Caminho
  da Meditação 20
Concepção comum 19, 20-21
  abandonar concepções
    comuns 50-51
  de corpo, fala e mente 50

Concepção errônea 108
Conhecedor válido g
Conhecedor válido subsequente
 g, 136
Consciência 181
Conselhos do Coração de Atisha
 160
Contato osbtrutivo 153–154
 mera ausência do contato
 obstrutivo 153
Contemplações Significativas
 71, 100
Contínua-lembrança g
 densa 43
 sutil 43–44, 103–104
Continuum mental g
Convenção
 fenômenos existem por
 convenção 127
Corpo. Ver também corpo-
 -ilusório 119
 convencionalmente existente
 126
 corpo muito sutil 58–59
 semente do corpo de Buda 58
 denso 58, 59, 61–62
 divino 50
 e o eu 132
 impossível de ser encontrado
 119–120, 123–125
 impuro 61
 inerentemente existente
 120–125, 126, 149
 manifestação da vacuidade
 150

natureza enganosa do corpo
 125
natureza última, verdadeira
 natureza 123–125
parte(s) do corpo 121–122,
 125
residente-contínuo 33–35,
 62
vacuidade do corpo 117–128,
 139
vacuidade do corpo não é
 separada do corpo 140, 150
 e vento muito sutil 58, 62
Corpo, fala e mente de um Buda
 sementes do corpo, fala e
 mente de um Buda 58
Corpo-de-Deleite 20
Corpo-Emanação 20
Corpo-Forma
 causa do Corpo-Forma 51,
 61–62, 75, 205
Corpo-ilusório 33, 50–51, 59
 base do corpo-ilusório 59
 da terceira etapa 50
 puro 51, 59–62, 66
Corpo imortal 14, 35, 57, 58,
 59, 66
Corpo-isolado 33, 50, 64
Corpo muito sutil 35, 58–59
 e vento muito sutil 58, 62
 semente do corpo de Buda 58
Corpo-Natureza 20
Corpo-vajra. Ver também
 corpo-ilusório, puro 57,
 58, 59–61, 62, 66

ÍNDICE REMISSIVO

Corpo-Verdade 14, 23, 45
   causa do Corpo-Verdade
     51, 61, 205
   Corpo-Verdade-Natureza 20
   Corpo-Verdade-Sabedoria
     20
   e Dharmakaya, sinônimos 14
   união de grande êxtase e
     vacuidade 14
   Corpo-Verdade-Sabedoria 20

D

Dedicatória 82
Deidade g
Delusões g, 20, 57, 95–97, 136
   abandonar as delusões 57, 128,
     150, 155
   concepções dos oito extremos
     raiz das deluões 141
   controlar as delusões 109
   falhas 111
   oponentes 111
   raiz das delusões 107–109,
     117
   são impurezas temporárias
     62
   e sofrimentos das vidas
     futuras 111
   vento montado pelas
     delusões 32
Delusões inatas g
Delusões intelectualmente
   formadas g
Desperto, O 12
Deus, deuses g

Dez portas 63
Dezenove compromissos das
   Cinco Famílias Búdicas
   209–210
Dharma. *Ver também* ensinamentos de Buda 13
   dar Dharma 204
   ouvir instruções de Dharma
     160
Dharma Kadam. *Ver também*
   Budadharma 269–270
Dharmakaya. *Ver também* Corpo-Verdade 14, 71–72, 205
Dharmakirti g, 93
Disciplina moral g
Dissolução dos ventos dentro
   do canal central
   sinais da dissolução 40–48
Distração
   superar distrações 186
Dorje Shugden. *Ver também*
   Protetor do Dharma 215
Doze elos dependente-relacionados
   g
Duas verdades, união das duas
   verdades 149–154

E

Elementos g, 181
   água 41, 176, 182
   espaço 184
   fogo 42, 176, 182
   seis elementos 53
   terra 41, 42, 176, 182
   vento 42, 176, 184

Emanações g
  de Buda 13, 160
  de Lama Losang Buda Heruka 73, 81
Ensinamentos de Buda. Ver
  também Dharma 13, 49
  bondade dos ensinamentos 97
  espelho dos ensinamentos 13
  medicina ou remédio dos
    ensinamentos de Buda
    13, 111
  Sutra 15, 17-19, 53, 54, 61, 161
  Tantra 17-19, 51, 53, 54, 161
Entrada, permanência e dissolução
    dos ventos 19, 32, 37, 39-48,
    55
  no canal central 63
  dez portas 63
  dois métodos de 62
  durante o sono 32, 101-103
  no momento da morte 32
  níveis de 47, 50
  ordem reversa 48
  sinais 39-48
Equilíbrio meditativo 146-147
Equilíbrio meditativo semelhante-
  -ao-espaço 147
Escolas de princípios filosóficos
    budistas g
Escritura Emanação Kadam g, 71
Espaço
  produzido/não produzido
    153-154
Espaço não produzido 140,
    153-154

Espaço produzido 153-154
Espírito faminto g
Essência do Vajrayana 23, 28, 186
Estado intermediário (bardo) g
Estágio de conclusão 21, 29-48
  cinco etapas 33, 50-51
  definição 29
  e estágio de geração 29, 36
  principais objetos 29
Estágio de geração 20-21,
    23-28
  como o praticante de Heruka
    medita no estágio de
    geração 20-21
  definição 23
  e estágio de conclusão 29, 36
  função 23
  principais objetos 29
Estado de vigília. Ver acordar
  (estado de vigília)
Etapas do caminho 4-5
  pedir aquisições das etapas
    do caminho 83-87
Etapas do caminho (Lamrim)
    269
Eu 129-131, 140
  aparece existir como
    independente do corpo
    e da mente 131
  base de imputação 24-27, 35,
    59, 140
  imortal 35, 58, 59
  inerentemente existente 133
  identificar 129-131
  natureza última 134-135

self que normalmente vemos 131, 134
vacuidade do eu 129–134, 147
Existência inerente. *Ver também*
 inerentemente existente 108, 121, 155, 156
 aparência de existência inerente 143, 146, 150, 154
 do corpo 120–121, 126, 149
 do eu 131, 133
 objeto negado da vacuidade 131, 154
 dos oito extremos 141
 sinônimos 115
 vacuidade não é inerentemente existente 140
Existência de seu próprio lado, do lado do objeto 25, 115, 119, 121, 127, 128, 131, 144, 145, 151, 155, 156
Existência verdadeira. *Ver também* existência inerente 117, 123, 127, 139
 aparência de existência verdadeira 108, 115, 117, 143
Êxtase. *Ver também* clara-luz de êxtase; grande êxtase espontâneo; união de grande êxtase e vacuidade 31
 duas características 53, 55
 sexual 19, 53, 55
 tipos 53
Extremo da existência 135, 160
Extremo da não-existência 135, 160
Extremo da produção 146

F

Faculdades sensoriais g, 184
Fala
 depende da mente 93, 94
 muito sutil 35, 58
 semente da fala de Buda 58
 residente-contínua 35, 58
Fala-isolada 33, 50, 64
Fala muito sutil 35, 58
 semente da fala de Buda 58
Famílias Búdicas g
Fatores mentais g, 98, 128
 base de imputação para a mente 128
Fé. *Ver também* analogias, montanha nevada, fé e bênçãos g, 73, 160
Felicidade 14
 causas da 270
 níveis de felicidade 4
 dos outros 7
 verdadeira/pura 107
 não existe no samsara 11
Fenômeno negativo não afirmativo 154
Fenômeno positivo 154
Fenômenos
 enganosos 143
 existem por convenção ou convencionalmente 127, 135
 não são algo além que vacuidade 120
 são como o arco-íris 156

são como ilusões 116-117
são como sonhos 116, 155
Fenômenos impermanentes g, 153
  vacuidade dos fenômenos impermanentes 139
Fenômenos permanentes g, 153
  vacuidade dos fenômenos permanentes 139-140
Fenômenos produzidos 137, 139
  vacuidade dos fenômenos produzidos 146-147
Fogo interior, calor interior g, 31, 55, 64

G

Geshe g
Geshe Chekhawa g, 128, 155
Ghantapa g, 37, 65
Gota indestrutível 29, 31-32, 35, 58
  meditação sobre a gota indestrutível 37, 65
  propósito de meditar sobre a gota indestrutível 36, 100
Gotas 55
  branca(s) e vermelha(s) 31-32, 55, 176, 177
  meditação sobre as gotas 62
Grande êxtase. Ver também grande êxtase espontâneo; união de grande êxtase e vacuidade 51-57
  duas características 53, 55, 62
  e vacuidade 57
Grande êxtase espontâneo 33

Grande Libertação da Mãe 64
Grande Libertação do Pai 64
Grande Tesouro de Mérito 83
Guia ao Caminho do Meio 4, 95
Guia do Estilo de Vida do Bodhisattva 11, 61, 119, 120, 145
Guia Espiritual g, 5, 69
  aparência comum/aparência sagrada do Guia Espiritual 21
  como emanação de Buda 160
  confiar no Guia Espiritual 160
  pedir que permaneça 73-75
Guia Espiritual Vajrayana g, 54
Guias preliminares 69-89
Gungtang 49
Guru-Ioga 69
  essência 87
  grande guia preliminar 87
  Guru-Ioga em seis sessões 210-211
  de Je Tsongkhapa 215, 216-220
Gurus-linhagem g, 64-65
Guru Sumati Buda Heruka 72
Gyalwa Ensapa g

H

Hastes do canal 174-175
Heróis e Heroínas g
Heruka 14, 20, 23, 72, 88, 177
  autogeração 59
  base de imputação 14, 24-28
  definitivo 14, 189
  interpretativo 14, 189

ÍNDICE REMISSIVO

mandala de corpo de Heruka 176, 177
significado do nome Heruka 14
Heruka, praticante de 59
como o praticante de Heruka medita no estágio de geração 20-21, 24-28
Hevajra

I

Ignorância. *Ver também* agarramento ao em-si g, 3, 13, 123, 125
escuridão da ignorância 14
reduzir/abandonar a ignorância 12, 13
sono da ignorância 12
Iluminação 4, 11, 12-13, 51, 54, 65, 91, 104, 194
definição 12
depende de recebermos bênçãos 160
meta da vida humana 160
Imagem genérica g, 136
da mente 97
da vacuidade 133, 135, 136
Impermanência 139
sutil 139
Impossibilidade de encontrar, inencontrável (*unfindability*) 123, 156
corpo 119-120
eu 133-135, 147
mente 129

Imputação, designação. *Ver também* mera imputação 25, 108, 144
do eu 134-135
função da mente 93-94
mera imputação, designação 137
todos os fenômenos são imputados pela mente 127
Inerentemente existente. *Ver também* existência inerente
corpo 120, 121-125
eu 24, 129-131
meu 24
Iniciação (*empowerment*) 14, 20
Intenção. *Ver também* intenção básica g, 9, 137
incorreta 3, 9
superior 12
Intenção básica 3, 9-15
Inveja g, 79, 117
Ioga g
Ioga de Buda Heruka 28
Ioga do canal central. *Ver* canal central, meditação sobre o canal central
Ioga Condensado em Seis Sessões 210-211
Ioga criativo 23
Ioga de equalizar o samsara e o nirvana 152
Ioga da gota. *Ver* gotas, meditação sobre as gotas
Ioga em Seis Sessões 210-211

Ioga do vento. Ver vento indestrutível, meditação sobre o vento indestrutível; vento e mente indestrutíveis, meditação sobre o vento e mente indestrutíveis
Iogue, ioguine g
Ir e vir, extremos
   vacuidade do ir e do vir
   140

J

Je Tsongkhapa g, 5, 55, 71–73, 81, 135, 188, 201
   ensinamentos 49, 65
   Guru-Ioga de Je Tsongkhapa 215, 216–220
   preeminentes qualidades 72
   tradição de Je Tsongkhapa 64–66
Joia-Coração (sadhana) 135, 213–226

K

Kadampa. *Ver também* Budismo Kadampa
Budismo 269–270
   significado 269
Kagyu g

L

Lama Losang Buda Heruka 72–73, 77, 79, 83
   mantra nominal 87
Lamrim Kadam 269

Libertação. *Ver também* nirvana 6–7, 13, 57, 70
   nesta vida 54
Linhagem g
Linhagem Oral Ganden 64–66, 71
Losang Dragpa. *Ver também* Je Tsongkhapa g, 49

M

Madhyamika g
Mahamudra. *Ver também* estágio de conclusão; clara-luz significativa 3–7, 49–66, 69, 161
   coleção de mérito e de sabedoria 51
   como caminho rápido 3
   e compaixão 12, 19
   definição 49, 107
   duas maneiras de treinar o Mahamudra 89
   etimologia 49
   linhagem 64
   natureza 50
   obstáculos 78
   prática do Mahamudra durante o acordar/ adormecer 100–101
   prática do Mahamudra durante o sono 103–104
   prática incomum do Mahamudra 64–66, 71
   propriamente dito 104

seis etapas do treino no
    Mahamudra 91-104
Sutra 49
Mahamudra-Tantra
    da quarta etapa 51
    sinônimos 51
Mahasiddha g
Mahayana g, 269
Maitreya g, 71-72
Mala g
Mandala g
    Ver oferenda do mandala;
        oferendas, mandala
Mandala de corpo g
    Ver Heruka, mandala de
        corpo de Heruka
Manjushri, Buda g, 71, 215
Mantra g
    de Lama Losang Buda
        Heruka 87
*Manual para a Prática Diária
    dos Votos Bodhisattva e
    Tântricos* 199-211
Marcas g
    do agarramento ao em-si
        117, 129, 135, 146
    cármicas 137
    dos pensamentos conceituais
        146
Meditação g
    e percepção mental 186
Mente 92-98, 152
    aparências à mente 115-116,
        126-127, 144
    base de imputação 128

conceitual/não conceitual
    135-136, 141
correta 136
é o criador de tudo 95, 137
definição 93
densa 100
equivocada 151, 152
equivocada/inequívoca 135,
    143, 146
do estado de vigília 100, 116
e o eu 132
existe por convenção 127
fenômenos dependem da
    mente 116, 127
fenômenos são imputados
    pela mente 127
função (modo como atua)
    92, 93-95, 181
identificar a mente 92-98
impura 177
    amadurece potenciais
        cármicos negativos 137
indestrutível. Ver mente
    indestrutível
localização 92
mente raiz 98
muito sutil. Ver mente muito
    sutil
natureza 92
natureza última 129, 152
poder da mente 95
primária g, 128-129
projeção, projeções da
    mente 116, 121, 127
pura/incontaminada 135, 145

realizar a mente de modo direto 98-100
residente-contínua 35, 58
suti. Ver mente sutil
vacuidade da mente 127, 128-129
válida 135, 143, 145, 156
Mente da aparência branca 43, 45
Mente de clara-luz. *Ver também* clara-luz; clara-luz-exemplo última 44-48
Mente indestrutível 35, 88
Mente-isolada 50, 64
Mente muito sutil. *Ver também* mente, residente-contínua; mente indestrutível 35, 44, 57, 58-59, 62, 116
   identificar a mente muito sutil 103
   e mente de clara-luz 103
   natureza, função e localização 103-104
   realizar a mente muito sutil 104
   semente da mente de Buda 58
   e vacuidade 45
Mente primária g, 128-129
Mente da quase-conquista negra 43, 45-47
Mente raiz. Ver mente, mente raiz
Mente sutil
   identificar a mente sutil 100-101
   método para realizá-la de modo direto durante a vigília e o sono 100
   natureza e função 100
   realizá-la de modo direto 101-103
   ventos montados pela mente sutil 43-47
Mente do vermelho crescente 43, 45
Mera aparência. *Ver também* aparência, mera g, 119, 123, 139
   à mente acordada/à mente que sonha 116, 155
   parte da verdade convencional 144
   solucionar problemas considerando tudo como 155
Mera ausência 140, 145, 153
   dos fenômenos que normalmente vemos ou percebemos 128, 158
   do nosso corpo que normalmente vemos 123, 125, 150, 157
   do nosso self que normalmente vemos 134, 147, 158
Mera imputação 94, 134, 137, 145
   da singularidade e da pluralidade 140-141
Mérito g, 28, 69, 71
   coleção de mérito 51
   causa do Corpo-Forma 205
   é destruído pela raiva 205
   resultado do mérito 115

Mero nome 123, 127, 135
Migrante g
Migtsema. Ver Prece *Migtsema*
Milarepa g, 65-66, 152
Miragem 116-117, 127, 143
Morte 32, 84, 116
   como fundamento para
      buscar refúgio 70
   definição 59
   processo da morte 35, 47, 59, 100
Mudra-ação g
Mundo 177
   como aparência cármica 137
   convencional 155
   é criado pela mente 95, 137
   do estado de vigília 116, 137, 155, 156
   mera aparência 116
   onírico 116, 156

N

Nada, inexistência 134, 156
Nada (linha de três curvas) g, 38, 39
Nagarjuna g, 142
Naropa g
Natureza búdica 58
Natureza convencional 135, 152
Natureza última. Ver também verdadeira natureza; vacuidade 107, 126, 142
   do corpo 126, 150
   do eu 134-135
   da mente 152
   semelhante-ao-espaço 126

Nirvana 13, 156
   é criado pela mente 95
   natureza do nirvana 54
   significado 54
Nós do canal 30, 174
   na altura do coração 31, 37
Nova Tradição Kadampa g, 270
Nove permanências mentais 98-100
Novo Coração de Sabedoria 122, 154
Novo Guia à Terra Dakini 23, 70, 83
Novo Manual de Meditação 5, 11

O

Objeto
   de delusão 128
   exterior 121
   falso 143-145
   objeto negado g, 121, 131, 153-154
Objeto falso 143-145
Objeto negado g, 121, 131, 153-154
Obstruções à libertação g, 20, 108
Obstruções à onisciência g, 20, 108
Oceano de Néctar 122, 154
Ódio. Ver também raiva 117
   causa do ódio 108
   superar o ódio meditando na vacuidade 141
Oferenda ao Guia Espiritual 64
Oferenda do mandala 82-83

Oferendas 76-77
  mandala 82-83
  de torma g
  tsog g
Oitenta concepções indicativas
  g, 43, 48
Oito extremos 146-147, 151
  vacuidade que é vazia dos
  oito extremos 137-142,
  147
Orgulho divino 20, 24-28

P

Paz mental 12-14, 115, 156, 270
  o que destrói a paz mental
  107, 117
  permanente 53, 126
Pedir aquisições das etapas do
  caminho 83-87
Pedir ao Guia Espiritual que
  permaneça 73-75
Pedir aos Seres Sagrados que girem
  a Roda do Dharma 81-82
Penetrar o canal central
  de nosso próprio corpo 57,
  62, 64-65
  do corpo de outros 62
Pensamento conceitual 136
  ausência de pensamento conceitual não é vacuidade 136
  denso 43
  marcas 146
  ventos montados pelos pensamentos conceituais 186
Percebedor direto g

Percebedor direto não conceitual
  145
Percepção equivocada 143
  devido às marcas da ignorância
  135
Percepção errônea g, 108, 135-136,
  140
Percepção mental g, 186
Percepção não equivocada 135
Percepções sensoriais g, 184
Permanecer no canal central
  sinais de que os ventos permanecem no canal central 40
Permanências mentais 98-100
Pessoa. *Ver também* eu g, 58,
  93, 109, 181
  sinônimo de eu 35
Pessoa mundana, ou comum 127
Pluralidade/singularidade
  vacuidade da pluralidade/
  singularidade 140-141
Pobreza, ajudar os pobres 204
Prática diária 70, 76, 77, 83,
  154-156, 204
Prática da vacuidade nas atividades diárias 154-156
Pratimoksha g
Prazeres mundanos 9-11
  transformar prazeres mundanos 19
Prece das Etapas do Caminho
  5, 9, 84-85, 218-220
*Prece para o Florescimento da
  Doutrina de Je Tsongkhapa*
  49

ÍNDICE REMISSIVO

Prece Libertadora 13, 197–198
Prece Migtsema g, 83
   de cinco versos 218
   de nove versos 225
Prece de Sete Versos de Pedidos a Heruka 87
Processo da morte. *Ver também* morte, processo da morte 35
   dissoluções 32, 43
Procurar, encontrar, manter e permanecer 97, 99
Procurar pelo corpo 120–123
Procurar um objeto
   duas maneiras de procurar um objeto 119–120
Prostração 75–76
Protetor do Dharma g, 215
   Dorje Shugden 215
   método para confiar no Protetor do Dharma 215, 221–224
Purificação g, 69, 75, 78–79
   da morte, estado intermediário renascimento comuns 23

Q

Quatro completas purezas g, 19, 21
Quatro grandes guias preliminares 69
Quatro vazios 47

R

Raiva g
   causa da raiva 108, 151
   destrói mérito 205
   reduzir/abandonar a raiva 13, 155
   superar a raiva meditando na vacuidade 110, 128, 141, 152, 155
Ratnasambhava, Buda 182
   quatro compromissos da família de Buda Ratnasambhava 209
Realização g
Realizar nossa mente de modo direto 98–100
Realizar nossa mente muito sutil de modo direto 104
Realizar nossa mente sutil de modo direto 101–103
Realização direta da vacuidade. *Ver* vacuidade, realização direta da
Receber bênçãos 88–89
Recitação vajra 186
Refúgio, buscar refúgio 69–70
Regozijo 79–81
Reino do desejo g
   Ver também seis reinos
Reino do inferno g
   Ver também seis reinos
Relação-dependente 137, 139–140
Renascimento animal 6
   base de imputação 25
Renascimento contaminado 5–7, 9–12
Renúncia 160

Roda canal, rodas-canais (*chakras*)
174-175
 do coração 30, 31, 37, 48, 58, 64, 65, 174, 184
 importância especial 175
 quadro com as hastes da 176
 da coroa 30, 174
 da garganta 30, 174
 da joia 175
 do lugar secreto 175
 quadro das quatro principais rodas-canais 175
 do umbigo 30, 48, 174
Roda do Dharma 269
Rupakaya. *Ver também* Corpo--Forma 205

S

Sabedoria g, 4, 270
 acumular sabedoria 28, 69, 71
 aumentar a sabedoria 114, 155
 coleção de sabedoria 51
  causa do Corpo-Verdade 205
 do equilíbrio meditativo 146
 excelsa sabedoria 37
 grande sabedoria 7
 onisciente 12, 14, 206
 sabedoria superior 53
Sabedoria Fundamental 142
Sabedoria onisciente. *Ver* sabedoria, onisciente
Samsara 7, 9-11, 25, 125, 136, 152, 177
 causa do samsara 9, 54
 é criado pela mente 95
 definição 7
 raiz do samsara 19, 107, 142
Sangha g, 70
Segunda profundidade da vacuidade (profundidade do convencional) 140
Seis elementos 53
Seis etapas do treino no Mahamudra 91-104
 praticadas durante o sono 100
 propósito temporário e último 91
Seis Iogas de Naropa 64
Seis perfeições 201, 204-206
 como nossa prática diária 204
 é um compromisso dos votos bodhisattva 201
 concentração 205
 dar 204
 disciplina moral 204
 esforço 205
 paciência 205
 sabedoria 205
Seis reinos g
Self. *Ver* eu
Senhor da Morte g, 6
Ser comum, seres comuns 32, 43, 103
 aparências aos seres comuns 120, 144, 146
Ser iluminado. *Ver também* Buda 12
Ser sagrado g
Ser superior g, 47, 145
 e verdade última 145

Ser vivo g
Sete membros 73-83
   prece 216-217
Shantideva g, 11, 61-62, 119, 120,
   123, 125, 127, 145
Singularidade e pluralidade
   vacuidade da singularidade
   e da pluralidade 140-141
Sinais de dissolução dos ventos.
   Ver entrada, permanência
   e dissolução dos ventos,
   sinais; processo da
   morte, dissoluções; sono,
   dissoluções
Sofrimento 3
   abandonar o sofrimento
   25
   meditação sobre o sofrimento
   113-114
   meditar na vacuidade é a
   solução universal 156
   natureza do samsara é
   sofrimento 11
   níveis de sofrimento 4
   oito extremos, raiz do
   sofrimento 142
   dos outros 7, 12, 114
   o que causa o sofrimento
   5-6, 12, 78
   raiz do sofrimento 24
   dos seres humanos 5-6,
   113
   sofrimento-que-muda 11
Sofrimentos samsáricos semelhantes-a-um-sonho 12

Solos e Caminhos Tântricos
   186, 211
Sonho, sonhos 155-156
   aparências oníricas 115-116,
   137, 144, 155
   exemplo do elefante sonhado
   116
   fenômenos são como sonhos
   116
   mente de sonho 116
   mera aparência à mente 116,
   137, 144, 156
   validade relativa 144
Sono 100, 101-104
   clara-luz do sono. Ver
   clara-luz, do sono
   dissolução dos ventos 32
   prática do Mahamudra durante
   o sono 100-104
Sutra g, 61, 146
   e Tantra 17-19, 54
Sutra Coração g, 150
Sutra Perfeição de Sabedoria
   Condensado 120
Sutra Rei da Concentração 154
Sutras Perfeição de Sabedoria
   g, 142, 201

T

Tantra. *Ver também* Mahamudra;
   Tantra Ioga Supremo 17-21
   definição 19
   principais objetos a serem
   abandonados 20
   quatro classes 19

sinônimos 19
e Sutra 17-19
votos tântricos 207-211
Tantra Ambhidana 65
Tantra Ioga Supremo 19, 35, 49, 54, 69, 91
base, caminho e resultados 14
Caminho da Visão 57
Tantra-Raiz Condensado de Heruka 17, 188-194
Tantra-Raiz de Heruka. Ver *Tantra-Raiz de Heruka e Vajrayogini*
Tantra-Raiz de Heruka e Vajrayogini 189-194
Tantra-Raiz de Hevajra 64
Tempos sem início g, 24, 133
Terra Alegre 71
Terra Dakini g
Terra Pura g, 53, 82-83, 177
Tranquilo-permanecer 205
Tranquilo-permanecer que observa nossa mente 98-100
Tranquilo-permanecer que observa a vacuidade 159
Transforme sua Vida 11, 71
Treinar a Mente em Sete Pontos 128, 155
Três Joias 70
Três trazeres 23
Três treinos superiores g, 53
Tummo. Ver fogo interior, calor interior

U

União da clara-luz significativa e do corpo-ilusório puro 33, 51, 104
União das duas verdades 149-154
União de grande êxtase e vacuidade. Ver também clara-luz significativa; Mahamudra 14, 49, 51, 57, 61, 88, 104, 177, 192
União-do-Não-Mais-Aprender 17-19, 61, 65
União da quinta etapa 51

V

Vacuidade semelhante-ao-espaço 125-126, 134, 147
Vacuidade. Ver também realização direta da vacuidade; união de grande êxtase e vacuidade; vacuidade semelhante-ao-espaço; verdade última 49, 107-161, 126, 160
base convencional 151
do corpo 117-128, 129, 139, 150, 157
é dependente-relacionada 140
da desintegração 139
estudo da vacuidade 114, 149
do eu 129-134, 147, 157-158
dos fenômenos impermanentes 139

ÍNDICE REMISSIVO

fenômenos não são algo
   além que vacuidade 120
dos fenômenos permanentes
   139-140
dos fenômenos produzidos
   139, 146-147
identificar o objeto negado
   129-131
imagem genérica da vacuidade
   135, 136
intervalo entre meditações 151
do ir e do vir 140
do livro 127
manifestações da vacuidade
   139, 151, 152
meditação sobre a vacuidade
   147-149, 156
da mente 128-129, 152
mesma natureza 150-152
motivação para estudar a
   vacuidade 114
e nada, ou inexistência 156
não é inerentemente existente
   140
não é o vazio de pensamentos
   conceituais 136
objeto de negação da vacuidade
   131, 153-154
e percepção não equivocada
   135
da produção 139
realização direta da 113-114,
   126, 129, 135, 159, 177, 205
segunda profundidade da
   vacuidade (profundidade
   do convencional) 140

sinais de meditação correta
   na vacuidade 134
da singularidade e da pluralidade 140-141
sinônimos 107, 145
solução universal dos problemas 156
de todos os fenômenos 115,
   129, 147, 158, 159, 205
da vacuidade 127, 145
que é vazia dos oito extremos
   137-142, 147
na vida diária 154-156
Vairochana, Buda 184
seis compromissos da Família
   de Buda Vairochana 209
Vajradhara g, 64, 194, 210
Vajrapani g, 189
Vajrasattva g, 69, 79
Vento(s). *Ver também* entrada,
   permanência e dissolução
   dos ventos; vento muito
   sutil 32, 177
ascendente movedor 182, 185
cessação permanente dos
   ventos densos e sutis 48
cinco ventos-raízes 33, 181-184
cinco ventos secundários
   33, 184-186
definição 181
denso, sutil e muito sutil
   100, 186
descendente de esvaziamento
   55, 181, 182, 185
três níveis 186

dos diferentes elementos
    41-42, 182-184
explicação dos ventos interiores
    181-186
exterior denso e sutil 181
força vital 181
função (modo como atua) 181
impuro 177
interior denso 185
meditação sobre os ventos 62
    e mente 181
montado pelo agarramento
    ao em-si 54
montado pela mente da
    aparência branca 41, 45
montado pela mente de
    clara-luz 44-45, 186
montado pela mente da
    quase-conquista negra
    41, 45
montado pela mente do vermelho crescente 41, 45
são montarias para a mente
    32, 43-48, 128, 177, 181,
    186
quadro com os ventos-raízes
    183
quadro com os ventos
    secundários 185
que-permanece-por-igual
    182, 184, 185
que-permeia 182, 184, 185
seis características dos
    ventos-raízes 182
de sustentação vital 181-182, 184

Vento indestrutível 32-36, 50,
    88
e o corpo residente-contínuo
    33
meditação sobre o vento
    indestrutível 39, 62
propósito de meditar sobre o
    vento indestrutível 36, 100
e o vento muito sutil 33
Vento e mente indestrutíveis
    29, 32-36
meditação sobre o vento e
    mente indestrutíveis 39
propósito de meditar sobre o
    vento e mente indestrutíveis
    36, 100
Vento muito sutil. *Ver também*
    corpo, residente-contínuo;
    vento indestrutível 35, 44,
    100
Ventos interiores. *Ver* vento(s),
    explicação dos ventos interiores; vento(s), interior
    denso; vento indestrutível;
    vento muito sutil
Ventos-raízes. *Ver* ventos, cinco
    ventos-raízes
Verdade. *Ver também* duas
    verdades, união das
    duas verdades; verdade
    convencional; verdade
    última
    sinônimo de vacuidade e
    verdade última 145
verdade real 145

Verdade convencional 127
  densa e sutil 144
  é um fenômeno enganoso 143
  e verdade última 142-149
  verdades convencionais são objetos falsos 143-145
Verdade enganosa 125, 143-145
Verdade última. *Ver também* união das duas verdades; vacuidade 12, 177, 270
  definição 145
  sinônimos 145
  e verdade convencional 142-149
Verdades relativas e falsidades relativas 144
Verdadeira natureza. *Ver também* natureza última 111, 123
  do corpo 123-125
  dos fenômenos 107, 126, 136
  sentido da vida humana é se concentrar na verdadeira natureza dos fenômenos 125

Vermelho crescente. Ver mente do vermelho crescente; vento, montado pela mente do vermelho crescente
Vida humana/renascimento
  base de imputação 25
  causa de um renascimento humano 5
  contaminada 5-7
  seis elementos 53
  sentido/propósito 4, 6, 11, 51, 69, 125, 160
  sofrimentos 5-6, 113
Vidas futuras
  sofrimento
  cessação do 142
  não acabará por si só 6
Vigilância g, 100, 103, 104, 134
Vinte e quatro lugares 176
  exteriores 177
  interiores 176, 177
Visão básica 3-7
  definição 7
Visão superior g, 114, 159, 205
Voto g
Voto Bodhisattva, O 206
Votos tântricos 207-211